別讓自責成為一種習慣

放過自己的100個正向練習

根本裕幸 著

楊詠婷 譯

自己肯定感を高める100の法則

作者序 ——

懂得肯定自己，人生就會出現變化

不知何時開始，「自我肯定感」這個詞開始出現在社會各處，連藝人都在電視節目裡自然地脫口而出。走到書店，平台上都是冠上自我肯定感之名的各類書籍，越來越多人也開始對「提升自我肯定感」產生興趣。

相較於世界其他各國，日本人經常被認為是自我肯定感較低的民族，其中一個原因，大概是比起「個人」，我們更重視團體之間的「和諧」。重視和諧當然有許多好處，但是另一方面，卻比自我主張更需要與周圍的人相互配合、高度協調。

大家可以回想一下自己小時候，父母是不是曾經說過這樣的話。

「你看，〇〇都乖乖坐著，你也不要亂動！」

「做那種事太丟臉了，會被外面的人笑！」

「大家都那麼做，你也跟著做就好了，少出風頭！」

「○○那麼厲害，你怎麼那麼笨呢？」

「都說你的缺點是×××了，怎麼改不過來呢？長大還這樣就丟臉了！」

正因如此，導致許多人即使長大了，依然在意他人和世間的眼光，只要和別人不一樣就覺得丟臉；害怕樹大招風，所以壓抑自己的個性；擔心別人的想法，總是審視自己有沒有奇怪的地方；害怕被別人討厭，沒辦法喜歡自己……。

但是，網路的興盛及全球化的普及，讓現今的時代更重視自我的「個性」，而不是去配合周遭，多元化的生活型態，也讓「想要活得更像自己」的人呈現爆發性成長。在這樣的情況下，強調「接納自己原本模樣」的自我肯定感，之所以會受到重視，幾乎可說是必然的趨勢。

所謂的自我肯定感，就是要接納並認同「原本的自己」，包括自我的優點或缺點。不只如此，對自己的價值觀、思考方式及真正的情緒，也要全然地包容與接受。

過去的我們，總覺得優點要低調，以免引人注目；缺點則該改正，以免受到排擠。但是，長年從自我肯定感出發為患者進行諮商，我反而認為「優點讓我們愛上別人；缺點讓別人愛上我們」，及「優點用來幫助別人；缺點是受人幫助」。

沒錯，缺點不是用來「改正」的，而是讓其他更擅長的人，有機會幫助自己。

想像大家都過著這樣互助合作的人生，一定是很幸福的光景。如果能比現在更溫柔、更珍重地對待自己，所有行動都以自我狀態為優先，你的每一天會出現多大的變化呢？

學會提高自我肯定感，從有能力的地方開始實踐，幾個月之後，你的人生絕對會變得前所未有的輕鬆和自在。

本書用簡單易懂的話語及方式，介紹了一百個提高自我肯定感的法則，大家不需要照本宣科地一一實踐，只要在覺得「啊，這個好像有用」或「我想試試這個」的時候，再去輕鬆嘗試就好。總之，我希望大家能帶著更加理解「自我肯定感」的想法，同時閱讀這本書。

讓我們一邊期待自己在幾個月之後的變化，一邊開心學習這些法則吧！

目次

第2章 凡事以他人爲主，失敗就自責？改變想法就有轉機

第3章 不再自責，從「肯定自己」開始行動！

第4章 如何保有自我，不再迷惘？寫日記、讚美自己都有效！

第5章 人生是你的！先是自己，才是他人

第1章

原來這些問題，都和「自我肯定感」有關！

001 人生不順嗎？可能是缺少自我肯定感

近年來，我們經常會在媒體上聽到「自我肯定感」。但是，大家曾經思考過自己的自我肯定感嗎？

自我肯定感，就是認同「自我存在價值」的一種情感。具體來說，就是「全然接納現在的自己」及「對現在的自己抱持自信」。歸根究柢，這是「心裡對自我的評價」，所以和「世間一般的價值」沒有關係，並且，它還會隨著所發生的狀況時高時低，這是自我肯定感的特徵。

自我肯定感高的人通常「認同自我價值」，他們對自己充滿自信，不會過於在意外界的眼光，能明確表達想法及意見，即使遭遇挫折也不會過度責備自己，反而會積極地鼓勵自己「下次再加油」。

自我肯定感低的人大多「不認同自我價值」，他們對自己沒有自信，習慣看人臉色或依循他人的意見行動，因為太在乎他人的感受，就算只是見面都會感到身心俱

疲，一旦事情稍有不順，就會過度責備自己。

相較於世界各國，日本人普遍被認為缺乏自我肯定感，因為謙虛為美德的文化背景，造就出吝於給予孩子及他人「讚賞」的環境，再加上近年來網路及社交媒體滲透各方面的生活，更加深人們渴求他人的關注。

像是「家裡蹲」（待在家中，不外出也不工作）這類社會問題，便是出自於讓人倍感疲憊及壓力的人際關係，同時也與自我肯定感有關。此外，明明非常努力，工作、戀愛及育兒卻總是不順利，這些人生煩惱，也可能是因為缺少自我肯定感。

為什麼人生如此艱辛？為什麼不能做得更好？若你的人生充滿了大大小小的煩惱，一定要學著關注自己的自我肯定感。

覺得「人生艱辛」，很可能是因為缺少「自我肯定感」。

002

無法肯定自己的實例❶常在「人際關係」中受傷

一旦缺少自我肯定感，最顯著、也最容易受到影響的就是人際關係。比如說，大家是否曾遇過下列這些場景？

❶ 無法拒絕他人的要求，總是以對方及周遭人們的希望為優先。
❷ 過於在意他人的話語及反應，弄得身心俱疲。
❸ 不知道如何親近喜歡的人，常退縮不前。
❹ 出於好意做事，卻適得其反。
❺ 只要社交媒體上的回應少，就覺得「不被喜歡」而沮喪。
❻ 總是被討厭及不喜歡的人纏上，被捲進麻煩事。

最糟的是，當這樣的經歷不斷發生，最後便逐漸失去自信，認為自己「什麼都做不好」，進而害怕和人溝通，無法交到志同道合的朋友，在群體中被孤立，陷入負面的惡性循環。

同時，當自我肯定感低落時，生活中無處不在的社交媒體也會成為煩惱的根源。例如過於在乎熟人或朋友的發文、因為沒人幫自己點讚而沮喪，或把幫朋友點讚視為義務等，完全無法放鬆並從中得到快樂。

如果同時還加入社區鄰居或學校家長等生活群組，那就更麻煩了。由於大家不時會碰面，一不小心就會「牽連到家人或孩子」，讓人更加不敢暢所欲言或表達拒絕，每次使用時都如履薄冰。

自我肯定感較低的人習慣隱藏自我情緒，總是不由自主地扮演「好人」，卻不知道這樣反而會讓別人感到不快，甚至誤以為「對方認同自己的做法」，打算直接拉近彼此的關係，結果讓關係陷入尷尬的境地。

你的人際往來之所以出現問題，或許是跟自我肯定感有關。

總是在人際關係中受傷，或許跟缺少自我肯定感有關。

003

無法肯定自己的實例❷在「工作」中也容易受挫

當自我肯定感偏低時，在工作業務上也會承受過多的負擔。

❶經常承擔超過能力的工作量，導致不堪負荷。
❷即使陷入困境也不會向旁人求助。
❸當他人向自己尋求意見時，無法順暢表達主張及想法。
❹總是被可怕的上司或討厭的同事盯上。
❺只要出錯或發生狀況，即使問題不大，也很難重新振作。

自我肯定感較低的人會在乎他人的評價，因此職場對他們來說，是一個會強加緊張感及壓力的地方。他們不敢拒絕他人的要求，時常處在不堪負荷的狀態，卻又因為責任感或「不能給別人造成麻煩」的想法，讓他們無法向他人求助。

這類人也無法在重要的場合發揮真正的實力，一旦發生什麼事讓他們產生「挫敗感」，就會更強化個人的自我否定。因為害怕拒絕，經常被迫參加不感興趣的聚餐或飲酒會，在公私無法平衡的狀態下，最後便導致身心崩潰。

近來權力騷擾及性騷擾成為社會問題，當中的許多被害者也有自我肯定感低落的狀況。不敢說「不」，就會讓對方得寸進尺，進而讓傷害越滾越大。

不管職場環境讓自己待得多痛苦，仍然遲遲不肯考慮換工作，這也是在自我肯定感偏低的人身上會有的特徵。因為他們認為，「別人在這個環境都做得很好」、「自己實力不夠，換到哪間公司都一樣」。

就算他們成為主管，問題同樣不會解決。自我肯定感偏低的人總是覺得不安，要求自己「一定要做好」及「不能被認為沒有能力」，所以經常對周圍的人充滿攻擊性。結果不是打擊下屬的士氣，以致無法獲得成果，就是在公司裡被所有人孤立。

如果職場讓自己感到「痛苦」，或許是因為無法肯定自己。

職場讓自己不快樂，原因或許出在無法肯定自己。

004

無法肯定自己的實例❸「戀愛」容易不順

當自我肯定感偏低時，經常會影響戀愛及親密關係，包括：

❶忘不掉過去失戀的經歷，遲遲無法談新的戀情。
❷就算遇到了很好的對象，關係一旦變親密就想逃離。
❸交往時充滿不安及懷疑，最後毀掉彼此的感情。
❹總是選擇讓自己不幸的對象。
❺害怕且無法坦然接受他人的好意。

想要構築美滿的親密關係，需要「坦率展現自己的優點及好意」、「能夠選出讓自己幸福的對象」，及「感到不安或發生狀況時，能做出『讓自己幸福』的選擇」等能力。但是，這些能力全都需要穩定的自我肯定感。

當一個人對自己的評價太低，遇到好的緣分也會覺得「對方不可能喜歡自己」，不是自我貶低，就是被動逃避；就算最後交往了，也會一直疑神疑鬼，覺得「對方隨時會被別人搶走」，完全無法享受戀愛的喜悅和幸福。

他們堅信「不可能有人會愛自己」，每當有人對自己抱持好意，他們就會滿心懷疑，甚至惱羞成怒，覺得「對方一定在耍自己」。遇到一心想珍惜、保護自己的人，他們還會故意刁難，反覆測試「對方是不是真的愛自己」。

原本戀愛就容易降低一個人的自我肯定感，許多人在歷經慘痛的失戀後，徹底失去自信，並影響下一段戀情，更加無法肯定自己，形成負面循環。

若過度在意他人評價，也會因為「沒有對象」、「沒有結婚」，覺得全都是「自己的錯」。如果你一直享受不到美好的親密關係，就要注意是否很難肯定自己。

無法擁有幸福的戀情，很可能是因為無法肯定自己。

005

無法肯定自己的實例❹「夫妻間」常有摩擦

很多夫妻問題或家庭煩惱，也跟自我肯定感有很大的關係。

❶ **與伴侶關係不順（感情不佳或外遇）。**
❷ **對伴侶過於犧牲奉獻。**
❸ **不相信自己值得被愛，也不相信愛情。**
❹ **覺得自己沒有用處，充滿無力感。**
❺ **為另一半的父母及親戚關係苦惱。**

自我肯定感較低的人，通常沒有能力順利接收周圍給予的愛情。即使是夫妻，也會因為缺乏「我值得被愛」的認知，而忽視對方所有的愛情表現。

對方因此感受不到愛一個人的喜悅，開始鬧彆扭或是產生無力感及罪惡感，使夫妻感情破裂。

自我肯定感較低的人也容易失去自我，滿腦子都是對方的一舉一動，當伴侶為工作或其他事情痛苦煩惱，本人就會陷在「自己什麼都做不到」的無力感及罪惡感之中，讓對方也感到負擔，彼此之間出現裂痕。

當關係不順或出現無性生活等狀況，自我肯定感較低的人也不會認為問題出在「自己」身上，反而會將原因歸咎到伴侶或周遭的環境，用自己的想法去加以控制，最後適得其反。

他們與另一半的父母及親戚關係也不太順遂。說是親人，還是有可能合不來，明明可以選擇維持普通的客套關係就好，但是自我肯定感較低的人卻煩惱「討厭伴侶的父母是不對的」、「害怕被討厭」，無法與對方保持適當的距離，反而讓關係變得更緊繃。

如果試著檢視「自我肯定感」，說不定能找到解決夫妻問題的契機。

夫妻關係不順，原因或許出在自我肯定感。

006

無法肯定自己的實例❺容易為「親子關係」煩惱

親子關係不佳經常會導致自我肯定感偏低，即使長大成人，也依舊擺脫不了這些問題。

❶為父母的過度干涉煩惱。
❷無法自己做判斷，凡事都要問父母。
❸即使討厭父母，也無法減少彼此的牽絆。
❹覺得「父母不疼愛自己」，嫉妒兄弟姊妹。
❺將父母各種問題扛在身上，增加自己的負擔。

許多為親子關係煩惱的人，可能從小就不斷被父母或親戚指責「要是沒生下你就好了」、「一點都不可愛」、「為什麼你不是男孩（女孩）」、「都是因為你，我的人生才變得那麼糟」，這些話完全否定了他們的存在，也深深傷害了孩子幼小的心靈，讓他們很難「認同自己的價值」。

對孩子來說，媽媽的潛移默化更加深刻，從性格到溝通方式都會受到巨大的影響。**基本上，人會在成長過程中逐漸脫離「母親」對自己的濃厚影響，進而確立「自我核心」，但自我肯定感較低的人，卻一直在心理上無法離開母親。**

不管到幾歲，他們都會看媽媽的臉色及反應行動，被她們的情緒及意見所控制，從升學、就業到選擇結婚對象，都會優先思考「媽媽會不會反對」。即使有了自己的家庭，也會把媽媽的意見放在伴侶之前，進而阻礙構築健全的夫妻及家庭關係。由於無法擺脫父母的控制，有人甚至會因此產生憤怒及怨恨的情緒。

此外，他們的父母通常也具有控制或依存的傾向，即使孩子長大成人，也難以在關係中保持適當距離，進而產生過度干涉或金錢依賴的問題，成為彼此的負擔。

當自我肯定感偏低，通常與不健康的親子關係有著深刻的連結。

麻煩的親子關係，或許也與自我肯定感有關。

007

無法肯定自己的實例❻ 成為凡事都想控制的父母

缺少自我肯定感的人成為父母之後，也會對育兒造成各種影響。

❶憂慮孩子的未來，總是逼自己「必須成為更好的父母」。
❷擔心自己「不夠愛孩子，作為父母太冷淡」。
❸總是跟別人比較，自責「做得沒有〇〇家好」。
❹育兒中再痛苦也不會找人求助，一個人孤軍奮鬥。
❺時刻都在擔心孩子，凡事都想插手。

孩子會模仿自己最愛的大人成長，因此父母的自我肯定感，會直接影響孩子的自我肯定感。如果父母總是拿自己跟別人比較、陷入沮喪自責，最後就會失去自信，覺得「孩子發生的一切都是自己的責任」，對孩子過度控制，讓他們變得畏首畏尾，凡事都看父母的臉色，最終長成如同父母般缺乏自信的人。

隨著年齡增長，有的孩子會對父母的過度干涉產生反抗，這是正常的反應，但是自我肯定感較低的父母，卻認為這代表自己「身為家長不及格」，更加激化他們對於孩子的掌控，引發惡性循環。

最後，孩子就會用拒學或不出門等行動，表達對惡劣處境的不滿，這些父母也只會哀嘆自己的無能，不斷地對孩子的未來感到憂心，覺得「再這麼下去，這孩子就完蛋了！」卻對孩子陷在痛苦中的求救聲充耳不聞，更不用說挺身保護他們。

育兒就如同工作，有人適合、有人不適合，某些事其他父母做得到，不代表自己也做得到，這是很正常的。只不過，成為父母之後，許多人都開始追求「完美」，同時，孩子們在外也被困在僵硬的系統及規則中無法動彈，掙扎地活在難以產生自信的環境。

想要在這樣的社會環境中，培養出能夠全然接納自己、自我肯定感高的孩子，父母本身就必須擁有高度的自我肯定感。

若你缺少自我肯定感，也可能會影響到孩子。

008

提高自我肯定感，人生更「幸運」

看完前文所列舉的各種「人生不順」案例，相信很多人都心有戚戚焉，覺得「根本就是在說我……」。別擔心，只要提高本身的自我肯定感，絕大多數的問題都會迎刃而解。

光是捨棄「像我這種人」、「我真糟糕」的想法，轉而接受「原本的我就很好」，就能活得更自在、更幸福，甚至還能找到屬於自己的「生涯目標」。

這裡的生涯目標並不單單指工作，而是能夠打從心底享受家庭、友誼、興趣及健康的生活型態。

為什麼提高自我肯定感，就能找到自己的「生涯目標」呢？

因為，**自我肯定感提高了，才有能力思考「自己真正想做的事是什麼」**。當一個人還在扮演別人所認同的角色，真實的自己就會處在陰影當中，直到沒有這個必要，真正的自我才會顯露出來，從而聽從自己的心聲，進行自我實現。

人在做自己打從心底「喜歡的事情」時，會給人非常輕鬆自在的感覺。忠於自己的夢想，這個夢想還可能就此成為生涯目標，幫助拓展人脈，獲得美好的家庭及友誼，讓人生變得更加幸福順遂。

自我肯定感變高，也更容易找到理想的伴侶，眼界變寬了，欣賞的對象也會不一樣。另一半就如同鏡子，會映照出真實的內心，讓自己找到最適合的靈魂伴侶。自我肯定感高的人一旦成為他人的伴侶，會給予對方最大的尊重和支持，共同構築出溫暖美好的家庭。

只要能原諒、肯定並接納「不好的自己」，就能產生幸福的連鎖反應，使人生出現各種逆轉勝，整體朝著美好的方向轉變。想要找到自己的生涯目標，走向自由美好的幸福人生，首先就要確實關注並提高「自我肯定感」。

關注並提高自我肯定感，問題自然迎刃而解。

第1章 總整理

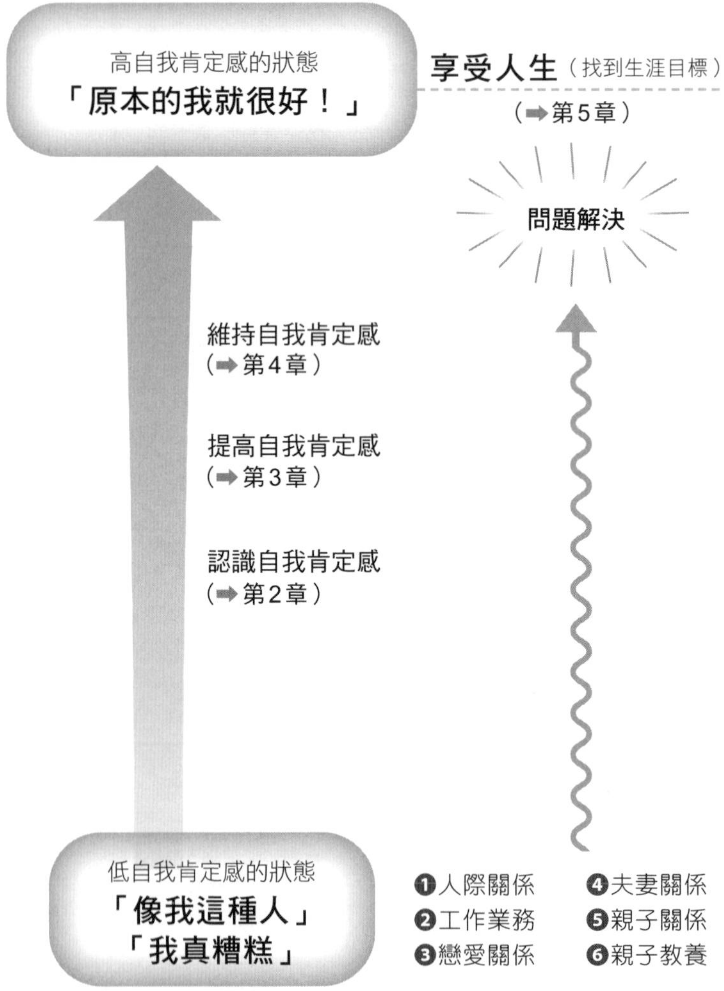

高自我肯定感的狀態
「原本的我就很好！」
享受人生（找到生涯目標）
（➡第5章）
問題解決
維持自我肯定感
（➡第4章）
提高自我肯定感
（➡第3章）
認識自我肯定感
（➡第2章）
低自我肯定感的狀態
「像我這種人」
「我真糟糕」
❶人際關係
❷工作業務
❸戀愛關係
❹夫妻關係
❺親子關係
❻親子教養

第2章

凡事以他人為主，失敗就自責？改變想法就有轉機

009

自我肯定感不足時，最容易貶低自己

在第一章裡，介紹了自我肯定感偏低時，可能引發的問題。自我肯定感偏低的人，都有一種特殊的心理傾向和思考習慣。如果對這個部分有更多理解，在練習提高自我肯定感時，就能獲得加倍的效果，本章主要就是說明自我肯定感與心理間的關係。

自我肯定感偏低的人經常反覆做的一件事，就是「自我貶抑」，背後隱藏的就是與他人的比較。他們會下意識地將自己與他人相比，因為「自己跟那個人比起來實在……」而低落，同時責備自己「做什麼都不行」或「必須變得跟對方一樣」。

在這個資訊掛帥的現代社會，每個人都能無限地收集到與他人比較的資訊及材料，從早上起床到晚上睡覺，全都是社群媒體上的各種資訊，不少人也因此產生「為什麼我不能那樣」的自我貶抑。

如果連假日都無法好好休息，會對平日的表現造成負面影響，增加更多自我否定的要素。**每日沉浸在負面思考當中，也會加深自我厭惡，讓自我肯定感變得更為不足。**

為什麼我們會覺得自己「必須變得跟對方一樣」呢？這是「必須……」或「應該……」的思考模式所造成的。以職涯規劃為例，多數人心裡都有「工作○年了，卻沒有做出令人矚目的成果」（＝現在是必須做出成果的資歷）、「升主管了，卻總是失敗」（＝現在是不能失敗的立場）等等，這種「社會給予的形象」，一旦自己沒有達到那個標準，就會覺得十分失敗。

生活方式也一樣，「周遭的人都有孩子了，我卻連對象都沒有」（＝現在是應該找到對象的年齡）、「都是大人了，卻沒辦法在別人面前控制情緒」（＝現在是應該冷靜處事的年紀），如果以這種「世間所認為的應該」作為標準，如果沒有達到，就會攻擊自己。這種思考習慣很難馬上改變，所以，首先要更加關注自己，並直觀地去感受「我是否又在自我貶抑了」。

你是不是一直在「貶低自己」呢？

010

執著「正確答案」，是因為缺少自我肯定感

自我肯定感偏低的人，經常會執著於尋求「正確答案」。

「這種時候應該怎麼回答？」

「我在當時說出那些話，是不是錯了？」

這算是一種完美主義，越是害怕與人往來，越深信人與人之間的溝通存在某種「正確答案」，並執著地想要找出來。

但是，我認為人際溝通其實存在著無數的「正確答案」，即使一般情況下是錯的，滿足了某些條件後也可能變成正確答案，類似「之前還是對的，現在就變成錯的了」的情況也並不少見。

舉例來說，一個女孩約會時換了新髮型，男朋友卻完全沒發現，女孩不高興地提醒男朋友：「你沒發現我今天有什麼不一樣嗎？」他才恍然大悟地回答：「妳換髮型了啊？很好看哦！」女孩卻反而因此鬧彆扭，生氣地回答：「算了！不重要！」

如果男孩在見面的當下就說了那句話，女孩一定會非常開心；要是彼此間有足夠的信任感，還可以故意鬧著說「這髮型好奇怪」，讓女孩氣呼呼地回答「好過分」，變成情侶間的小情趣。但是，如果雙方才剛開始交往，這種玩笑可能會深深刺傷女孩的心。

也就是說，**人與人之間的溝通方式，基本上視情況而定，而且還會因為不同的場合及關係，而有不同的正確答案**。

這也是溝通之所以困難的原因，由於大部分的人都有這種困擾，坊間才出了那麼多相關的實用書。若是有明確對象及目的的商業談判，實用書所教的技巧或許能得到一定的成效。但是，沒有明確目的、漫無邊際的私人對話，書上的技巧大概就不夠用了。

這種情況下，執著於「正確答案」也沒用。所以，擁有足夠的自我肯定感，讓自己能自由表達觀點，就不會再受限於「正確答案」，大幅地減輕溝通上的煩惱。

你是否總是在尋求「正確答案」？

011

自我肯定感偏低時，會無法表達意見

無法表達自己的意見，也是自我肯定感偏低的特徵。

「我想聽聽你的意見。」

「你覺得怎麼樣？怎麼做比較好？」

基本上，他們無法明確地回答別人提出的這些問題。

因為他們太過在意對方對自己的看法：包括「不想被當作沒能力」、「說錯了會不會被扣分」或「這麼說可能會給大家造成麻煩」。

這些心理活動的背後，隱藏著「害怕不小心說錯話導致失敗」、「害怕被別人恥笑」、「害怕派不上用場」、「害怕無法滿足別人的期望，讓對方失望」、「害怕不小心惹禍」等等的恐懼。

當他們在工作等場合中突然被尋求意見，就會拚命在腦中搜尋最符合當下的「正確答案」，比起自己真正的想法，他們更堅持找到「符合主管和客戶所期望」、

「不會破壞現場氣氛」的標準回答。因此，當他們在簡報會議裡，在現場所有人的注視下，若突然被尋求意見，腦子就會陷入一片空白，什麼話都說不出來。

就像這樣，即使只是簡單地表達意見，自我肯定感低的人，頭腦也會瞬間一片混亂，由於他們總是想太多，很多時候光是去公司就讓他們身心俱疲。

思考這件事本身沒有錯，在職場中「為公司及組織思考」，更是作為一個成熟社會人應盡的義務。但是，**如果要從「怎麼說才不會嚇到對方」的角度，去找到百分之百「正確」的解答，只能說是白費工夫，因為沒有人可以完全控制別人的情緒與感覺。**

不擅長表達自我意見及論點的人，可以試著從自我肯定感的角度去審視心中的恐懼、找到思考上的誤區，或許能成為改變自我的契機。

你是否總是過度在意「對方」及「場合」，導致最後什麼都說不出口？

012

無法肯定自己，就會不清楚真正的「喜好」

自我肯定感偏低的特徵之一，還包括不知道自己真正的喜好。由於他們總是在糾結「什麼才是正確答案」，不斷地往「外界」尋求解答，所以很容易迷失自我。

即使他們處在一個被對方尊重、健康的戀愛關係當中，也分不清自己是不是真的喜歡對方，只是因為「對方喜歡自己」，就跟對方交往。

如果在人際關係中，有人或團體總是對他們「予取予求」，讓他們感到不舒服，他們也不會主動切斷彼此的關係。他們活得毫無目標，所以有時候會突然茫然地停下腳步，疑惑「自己到底在做什麼」。

你是否曾在聽到朋友結婚、轉換跑道或者升職加薪時，內心出現複雜難言的情緒呢？當人突然必須面對真正的「自己」，就很容易陷入無助、空虛及無能為力的感覺裡。

但是，一旦詢問他們「人生有什麼想做的事」或是「喜歡什麼」，他們也只會回答「我不知道」、「好像沒有」或「我沒什麼『自己』的想法」。

或許有些人，天生就是如此。

但我認為不對。每個人在自己的嬰孩時期都是想哭就哭、想鬧就鬧，極盡可能地展現自己的需求。只是隨著成長的過程，我們不知不覺失去了對自己的信心，不再表露心情，也習慣了去迎合他人的意見及外在環境，最終才迷失「自我」。

反過來說，**只要能改變這種習慣和「自我限制」，就有很大的可能找回「自己」**。「想吃喜歡的食物」、「想看美麗的風景」、「想見喜歡的人」，**坦率地順從自己的心意，挑戰真心「喜愛」的事物**，就能讓「自己確實好好活著」的真實感及充實感，重新回到生命之中。

提高自我肯定感，能讓我們重新找回失去的自己。

你是否遺忘了自己真正「喜歡」和「想做」的事呢？

013 罪惡感過剩，身邊的人也會受傷

「罪惡感」是影響自我肯定感的重大心理要素之一。

最具代表性的就是「我也有責任」的內疚感。罪惡感不只會折磨自己，還會下意識地讓自己遠離幸福，同時壓抑「內心真實的願望」，進而背負各種不必要的重擔。比方說，A知道新人負責的案子出了狀況，雖然他也很忙，但他覺得「自己多少還有一點餘裕，必須去幫忙」，就自告奮勇去支援對方，最後加班到深夜。好不容易放假了，他先是遵守約定帶孩子去遊樂園，再解決平時沒空處理、屬於自己的家事……從早上忙到晚上。

雖然他總是鼓勵自己「做不到這種程度，是自己能力不足」，但是，再這樣勉強自己，無視內心「想要休息」的願望，到最後一定會超過身心的負荷。

這就是因罪惡感而衍生的問題，讓人產生「我沒關係，只要大家幸福就好了」的扭曲想法，無底限地進行犧牲奉獻。如果A真的因此承受不住而倒下，同事和家

人就會陷入深深的自責，覺得「早知道當初就拜託別人了」、「為什麼沒有早點察覺他的異狀」。**罪惡感過剩，最後會連累周圍的人，一起掉進罪惡感的陷阱。**

前文曾經提過，「自我肯定感偏低的人最常做的一件事，就是『自我貶抑』。」在這個行為的潛意識裡，經常隱藏著強烈的罪惡感，他們判定自己「罪有應得」，所以對自己施以懲罰。

說到底，人為什麼會產生罪惡感呢？

如果以「障礙會使感動及開心更強烈」這個論點為前提，罪惡感對於人生這場大型電影或遊戲來說，或許是不可或缺的存在。就如運動比賽必須靠著罰則才能成立，人生遊戲也因為無法簡單就獲得幸福，才會這麼有趣。

由於每個人或多或少都存在這種情緒，所以完全不需要考慮如何徹底消除內心的罪惡感。它就像人類共通的遺傳病，我們可以一邊與其共存，同時獲得自己的幸福，只要努力找到與它和平相處的方法就好。

自我肯定感偏低，或許是「罪惡感」造成的。

014

你的某些想法，就是「罪惡感」的源頭

「罪惡感」其實型態各異。很多時候，它們會潛入人類的深層意識，讓我們下意識地進行自我懲罰。

❶ 覺得自己沒有資格獲得幸福。
❷ 覺得自己會傷害重要的人。
❸ 總是設法讓重要的東西遠離自己。
❹ 越靠近心愛的人，心裡越恐懼，最後忍不住逃走。
❺ 覺得自己會帶來不幸。
❻ 覺得自己的存在會造成別人的麻煩。
❼ 害怕幸福，也不相信幸福。
❽ 不相信世上有人會愛自己。
❾ 無法接受別人的愛。

⑩不懂得向他人求助。
⑪認為所謂的自由，就是給別人添麻煩。
⑫只要發生問題，就覺得是自己的錯。
⑬覺得自己是掃把星。
⑭當事情發展不順，就想全部毀掉。
⑮內心潛藏著破壞一切的欲望。
⑯覺得自己不應該受到注目。

內心莫名抱著這些想法的人，潛意識裡可能就深植著強烈的罪惡感，它因為某些原因在內心層層堆積，讓人處在「想把自己關入煉獄」的強烈情緒當中。

想提高自我肯定感，讓自己感受到幸福，首先就要確實察覺「內心存在著罪惡感」。

捆綁你的那些想法，是否就是「罪惡感」呢？

015 了解「罪惡感」的類型，才能停止懲罰自己

想要理解內心的罪惡感，就要先清楚它們的型態，接下來將介紹七種具有代表性的罪惡感類型。

類型❶ 覺得自己傷害並毀了他人的罪惡感（加害者心理）

這是最容易理解的罪惡感，就是覺得「自己隨意的舉動傷害到了對方」。例如覺得自己背叛或說話傷到重要的人，除此之外，還有「造成對方的困擾」、「變得過於想控制」等等的感覺。

類型❷ 無法幫助對方、覺得自己沒用的罪惡感（無力感）

雖然努力想要幫助、拯救對方，讓自己有用處，不給別人添麻煩，最後還是沒有成功……此時就會出現這種罪惡感。這種心理在親子、伴侶、同事及職場之間很

常見，甚至有人只因為聚餐時氣氛不夠嗨，就覺得「都是因為我參加的關係」。

類型❸ 袖手旁觀、見死不救的罪惡感

在別人需要幫助時沒有提供協助，明明注意到卻沒有伸出援手，對自己「什麼都沒做」而產生罪惡感。越是沒人當面指責自己，越會因此出現強烈的自責，然後不斷被後悔的念頭折磨，懊悔自己「當時應該那麼做」。

類型❹ 受惠者的罪惡感

因為容貌、出身及學歷等過於優越，因為「太受眷顧」而產生罪惡感。他們害怕「遭到他人嫉妒」，經常會主動貶低自己，或者盡可能不引人注意，也會下意識地選擇有問題的伴侶。

類型❺ 自覺受到詛咒、是掃把星的罪惡感

這種類型的罪惡感找不到特定的原因，是累積了各種罪惡感之後的產物，因此很難自我察覺。他們很容易陷入困境，出現「明明想得到幸福，卻經常事與願違」

的情況。

即使遇到好事或幸運的狀況，也很難真正開心，還會暗自難過，覺得「說不定沒有我，結果會更好」、「等大家知道我的真面目，一定會離開」，極端一點的甚至認為「像我這種人，根本不該存在於世上」。

類型6 從父母或伴侶身上繼承來的罪惡感

這種類型會主動承擔所愛之人身上背負的罪惡感。

當他們看到伴侶自責「都是我害你受苦」，並總是滿懷愧疚，他們也會因此痛苦，甚至為了減輕對方的罪惡感，把錯攬到自己身上，跟對方說「不是的，都是我的錯，是我害的」。

如果發生在父母和孩子身上，孩子會在成長的過程中模仿身邊大人的行動和思考模式，當父母因為罪惡感總是選擇「無法幸福的行動」，孩子也會在無意識中模仿他們的行為。

類型7 因信仰或家庭價值帶來的罪惡感

因為宗教信仰或家庭價值觀所帶來的罪惡感。比方說，一個人所成長的家庭非常重視安定，當他想自我創業或做其他大膽的挑戰時，就會不自覺地產生罪惡感。

此外，許多宗教信仰會從「罪惡」的角度，要求信仰者必須謙虛忍讓，越是信仰深厚的信徒，越容易抱持罪惡感，堅信「自己是有罪的人」。

以上七種類型的罪惡感，有的比較容易自我察覺，有的很困難。**罪惡感之所以會成為人生的問題，就是因為大多都難以簡單察覺，並深深隱藏在我們的潛意識當中。**如果你感覺「人生不順」或「總是困在艱難的狀態裡無法脫身」，就一定要關注這個部分。當一個人陷在強烈的罪惡感裡，就會把自己視為可怕的瘟神對待。

事實上，這世上沒有人比自我（本人）更不能寬恕自己，同時更狠地懲罰、攻擊自己。只要能察覺到這一點，就能在提高自我肯定感的路上獲得更大的飛躍。

你的痛苦屬於七種「罪惡感」中的哪一種呢？

016

以「他人想法」為主，會失去自我

自我肯定感偏低時，人生就會以「他人」為中心。

以「他人」為中心的人生，就會以「別人會怎麼想」為行動標準，言行變得畏縮，自由受到限制。為了「不偏離周遭的思考及價值觀」，視野也變得狹窄，無法用更宏觀與客觀的角度看待事物。

對他人情緒越敏感的人，越容易出現以「他人」為中心的傾向，他們能夠很快地察覺周圍的氛圍，所以總是善良貼心，但是每個人的價值觀及思考都不一樣，一旦缺乏自我，就會被各種不同的價值觀弄得無所適從，讓自己身心俱疲，再加上他們迎合的東西並不可靠，因此會活得很沒有安全感。

當一個人以「他人」為中心，即使發生的事與自己息息相關，也會把問題歸咎於「外在」，習慣用自己之外的主語表達想法，例如「我老公說……」、「我爸媽說……」、「公司說……」或「社會說……」，把自己放在受害者的位置。這種方式，等於直接把自己人生的主角讓給了別人。以「他人」為中心的人，大致可以分成三種類型：

❶ **太在乎他人，不敢說「不」的人** 害怕被別人拒絕，變成不敢說不的爛好人。

❷ **沒有自我，說不出好的人** 覺得不對時會提出反對，但卻沒有自信提出有建設性的意見。

❸ **人云亦云，不知道選好或不好的人** 他們基本上沒有自己的想法，造成這種性格的原因，大多與原生家庭有關係，包括：❶父母十分情緒化，從小就必須看他們的臉色長大，就容易變成「太在乎他人的人」；❷父母過度干涉，強迫孩子只能聽從指示或命令，不被允許有自己的想法，就容易成為「沒有自我的人」；❸父母既情緒化又過度干涉，就很有可能變成習慣受人管控、人云亦云的人。

當中也有在職場中不敢說不，回到家又說不出好，時刻都戴著假面具的人。像這種總是受人影響、以「他人」為中心的生活方式，總有一天會導致身心崩潰。

你是否總以「他人的想法」為主呢？

017

凡事以「他人」為主，會讓自己疲累

想要構築不會疲累的人際關係，就需要在自己與他人之間劃出明確的界線。

但是，以「他人」為中心的人，很多時候不懂什麼是「與他人適當的距離」。他們常一不小心就侵入別人的領域，要不然就是與人過度保持距離，這是因為他們自己都不清楚「內心的界線」（boundary）在哪裡，才會如此反覆。

以「他人」為中心的人，基本上都害怕「一旦表達反對或保持距離，就會被對方討厭」。因此，當別人因為不同的意見或情緒與他們發生碰撞，他們無法客觀地覺得「原來你是這麼想啊！好吧，看來我們的想法不一樣」。同時，為了盡可能避免自己被對方拒絕而受傷，他們會硬著頭皮答應要求，以此討好對方並緩和氣氛，直到自己再也無法忍受，直接與對方切斷關係。

就像這樣，如果他們一直無法建立良好的人際關係，放任自己隨著心情行動，長久下來，自我肯定感會變得越來越低，更加害怕他人的想法，活得更戒慎恐懼……最終變成惡性循環。

此外，以「他人」為中心的人，也容易出現自我犧牲的傾向。由於他們「害怕被討厭」、「不喜歡爭吵」，經常把別人不想做的麻煩事攬到身上，久而久之，周圍的人私下將他們視為「爛好人」、「方便的工具人」，但表面上會表現出感恩的模樣，讓他們自認「付出有所回報」，進而越來越以「他人」為中心。

大多數自我犧牲的人，過去都曾經有過相關的「成功經驗」，例如「因為好配合，所以很快就融入新班級」、「達成對方的期望後，得到了愛情」等等，**當他們的忍耐真的換到自己所需的回報，就更難放棄這種想法**。長久習慣下來，他們的感覺會變得麻木，連自己其實是在犧牲的自覺都沒有。

但是，總有一天，暗地裡累積的壓力會朝向自己或外界爆發。這時，就不是借酒發瘋的程度可以解決的，甚至還可能造成不可挽回的悲劇。**因此，至少在那之前要清楚知道，「自我犧牲完全不是美德」**。

你是否總是在迎合他人，或自我犧牲呢？

018 越敏感，人際關係越容易產生壓力

自我肯定感偏低的人，有時特別擅長「察言觀色」。

他們很在乎別人的眼光，對微小的情緒變化也非常敏感，再加上「不想惹對方生氣」及「不想被討厭」的強烈心情，讓他們養成隨時看別人臉色的習慣。

只不過，人際關係幾乎毫無規則可循，不管怎麼提前思考對方的心情，或是預測他人的行動，也不一定會往好的方向轉變。

思考得越多，想法就越發散，最後陷入「腦袋一片混亂，進而動彈不得」的狀態，讓自己做的一切全都白費，還可能惹怒對方。

況且，人際關係有所謂的平衡法則。

獨裁型老闆身邊一定有個應聲蟲，不擅長與人交際者，他們的伴侶通常長袖善舞。就像這樣，人際關係總是奇妙地維持某種正反的平衡。

從這個法則就可以得知，感知力（感覺認知能力，泛指對事物的感受）強的

人，身邊通常會聚集粗神經的人。

「我為伴侶做了那麼多，他卻完全沒發現」、「我在公司那麼努力地幫助大家，卻沒有人感激我」，有這些煩惱的人，大概都是因為如此。

由於對方不像你，感覺如此敏銳，性格也不夠纖細，因此根本不會發現你所做的事。

感知力強的人，經常在內心深處抱著「對方應該也同樣理解我」的期待。**在心理學上，這叫做投射理論，人會無意識地認為「對方應該跟自己一樣」**。

但是，事實上並非如此，**很少人會按照自己的想法行動**。因此，感知力強的人會覺得只有自己一頭熱，進而產生「被背叛」的傷心和不滿，讓人際關係充滿壓力。

就算懂得察言觀色，也不一定能獲得回報。

019

感知力強的人，容易以「他人的想法」為主

感知力強的人，經常有以「他人」為中心的傾向。

例如，「我得幫前輩把資料趕出來」、「男友那麼忙，我要更用心支持他」、「家裡忙不過來，我得扛起家事才行」等等，明明沒有人拜託自己，卻優先考慮他人的情緒、價值觀及想法，以此來決定自我的行動，這種態度就是以「他人」為中心。

換個角度來看，這種人其實是「暖男暖女」及「和平主義者」。所以，可能有人會覺得：「這有什麼問題？」

問題在於，他們過度以他人為優先，進而無視、壓抑了自己的心情。比起「自己想怎麼做」，他們更在乎「不要被別人討厭」、「不要破壞現場氣氛」、「不要讓別人不開心」、「不要給別人添麻煩」，並以此為行動基準，最後就會迷失自己。

感知力強的人，隨時都在接收周圍的人散發出來的大量訊息，所以總是在思考「對方在想什麼」及「要怎麼做才能滿足他」，讓自己繞著他人的一舉一動及情緒生

活，進而迷失自我，變得以「對方」為中心。

原本都是出於好意，卻因為被他人操控而飽受痛苦，那就不能算是健全的人際關係。不只會累積壓力，自己也會感到沮喪，讓自我肯定感更加不足。

但是，我希望大家不要誤會。能夠敏銳地察覺對方的情緒、做好現場氣氛的協調，這種「善於觀察」的能力並沒有問題。**如果能夠尊重自己的情緒，正確地發揮這項能力，絕對能成為與人交際的一大利器。**

重點是，不要因為感知力強而忽視自己的心聲，陷入被他人操控而壓力爆表的境地，讓良好的能力成為拖累自己的弱點。

「善於觀察」是優勢，不要讓它變成弱點。

020

「給予」應該充滿喜悅，而非變成痛苦

以「他人的想法」為中心的人生，缺乏「給予」的能力。這裡所說的「給予」，指的是「做讓對方開心的事，自己也從中得到快樂」。

舉例來說，送禮給對自己來說很重要的人時，大多數的人都會努力思考對方可能會喜歡什麼，費盡心思選禮物，再包裝得漂亮，然後挑選最好的時機送出去。

這時，我們心裡存在著「希望對方開心」的潛在欲望，以及「對方一定會很開心吧」的期待。當然，如果對方最後的反應不如預期，只要能抱著「這次好像沒猜對」的平常心，其實也不是什麼大問題。

但是，以「他人」為中心的人卻非常在乎對方的反應。一旦對方的反應跟自己所想的不同，就容易產生「對方不懂得感恩」的傲慢心態，後悔或怪罪自己「當初應該挑選更好的東西」，讓送禮這件事變成了一種痛苦。

再加上，自我肯定感偏低的人在送禮時，動機大多是「只有自己不送會被排擠」

或「大家都送了，自己不送也不行」，這種以「他人」為中心的心態，會讓他們更在乎對方是否「回報」了相同的好意或善意。

如果送禮者只是單純喜歡「送禮的過程」，為此開心興奮，對方的反應就會是其次，自然不會患得患失。

也就是說，想要「給予他人愛及喜悅」，需要兩個重要的前提：

❶ 想像對方開心的模樣，並為此付出行動。
❷ 不強求對方的反應，只單純為行動本身感到喜悅。

為此，一切行動都必須以「自我」為中心，還有足以支撐自己的自我肯定感。

你能從「給予」中得到喜悅嗎？

021

送禮、關懷，都不該以回報為目的

「我都送禮物給你了，你怎麼能不開心？」一旦出現這種強迫心態，自己的行為就成了「交易」，與頁五八所說的「給予」，正好完全相反。

送禮物的目的不是「讓自己感到開心」，而是「想獲得特殊待遇」、「希望對方喜歡自己」、「不想被對方討厭」等等，那就是「交易」。

你是否曾經在送完禮後，沒有得到想要的回應，結果感到失落沮喪？如果有過這種感覺，那就是出現了「交易」的心態。

從收禮者的角度來思考就很好理解，有時他們的心裡雖然開心，卻不好意思表現出來，但是隨著時間過去，也會逐漸明白禮物的意義與善意。

當然，送禮本來就是希望對方開心，但是「即使對方沒有表現出高興的樣子」，也要肯定自己的心意，這一點很重要。同時，也可以知道「這次送的禮物不是對方喜歡的類型」，當作下次改進的機會。

在一邊觀察、一邊行動的過程中，很容易在中途變成「交易」的心態，原本單純「為了讓對方開心」的行動，慢慢變成「我做這些是為了讓對方開心，希望他能珍惜我的心意」的想法。

你認為自己如此為對方著想，他卻完全不在意，自然會產生不滿及不信任感，如果為別人付出已經無法讓自己開心，可以選擇「不做」。但是，以「他人」為中心的人卻沒有這個選項，只能帶著不滿的情緒繼續「交易」，讓彼此的關係充滿壓力。

如果不是真心想這麼做，就不必「勉強付出」，不管是禮物或是溫柔體貼的心意都一樣。

當「給予」必須得到回報時，就會成為「交易」。

022

以「孩子」為中心的父母，容易將他逼入絕境

前文提到，自我肯定感偏低的人容易以「他人」為中心，這樣的人一旦成為父母，就會變成以「孩子」為中心。

從另一個角度看，可以說他們是「為孩子著想的好父母」，為了孩子的事開心煩惱，每件事都親力親為。但是，他們也因此容易失去「自我」，覺得凡事都是自己的責任，進而想要掌控孩子的人生。

只是，孩子不可能完全聽從父母的安排，導致他們變得過度保護及干涉，**特別是母親，與孩子的界線經常模糊不清，產生依賴及依存的狀況。**

父母越想掌控孩子，孩子越容易產生「父母因為自己而受苦」的罪惡感，再加上個性及思想得不到尊重，讓他們覺得自己的人格受到否定與拒絕，因此很難產生自信。

當父母無法平等地與孩子對話，孩子會覺得自己的世界受到侵犯，進而失去安

全感，逐漸封閉內心，許多孩子因此走上歪路或變成啃老族，讓父母的控制更為變本加厲……成為惡性循環。

原本就缺少自我肯定感、覺得自己不夠好的父母，很容易發現並挑剔孩子的毛病，孩子在父母不斷的否定之下，也會變得不容易肯定自己。**父母身為孩子的範本，如果經常自我貶低，孩子也會跟著這麼做。**

在頁二八曾經說過，「父母的自我肯定感，會直接影響孩子的自我肯定感」。因此，一旦父母的自我肯定感不足，孩子也會如此。

如果你正在為親子教育煩惱，請暫且放下對孩子的擔憂，先設法練習自我肯定吧！只有這麼做，才能與孩子保持良好的界線，當孩子受到尊重，自然就會產生不一樣的變化。

你是否對孩子產生「不健康」的掌控欲呢？

023

凡事以「自我」為優先，才能活得自在

看了這麼多以「他人的想法」為主的案例後，與之完全相反的，就是以「自我」為中心的態度。**以「自我」為中心的生活方式，即所做的一切事情，出發點及核心目的都是自己，是提高自我肯定感的必要條件。**它與自我肯定感相輔相成，只有確立了自我，才能與對方處在平等的地位，建立雙贏的關係。其優點整理如下：

❶ 不再介意對方的看法

不再依對方的反應來行動，而是「按照自我意願」，積極地採取行動。由於「行動」本身已足夠讓自己感到快樂，因此不會被別人的反應左右，更容易發揮能力。

❷ 能區分自己與他人的優先順序

有能力判斷該以自己還是他人為優先，理解自己有權力「拒絕」別人的要求。

❸ 能發現旁人的優點

以「自我」為中心的人，內心會更從容，視野也會變得更寬闊，進而從周圍的人身上，發現之前不曾注意到的優點及魅力。

以「自我」為中心的生活，人生的主角就是自己，不會被外在環境影響，生活也充滿動力與創造力，活得自由自在。

以「自我」為中心的人，有能力判斷眼前發生的事是否屬於「問題」，就算受到他人或環境的影響，也能理解「這件事之所以變成問題或煩惱，原因出在自己身上」。即使真的成為問題，他們也能鼓勵自己「只要克服難關，就能獲得大幅的成長，走向更自由的人生」，最終將問題轉變為正向的經驗。

以「自我」為中心的人，能用更開創性的思考解決問題。

不再以「他人」為中心，人生更自由。

024

以「自我」為中心，才能得到「真正的安全感」

自我肯定感偏低的人，總是長期處在不安當中。

無論他們身處何地，都非常在意他人及周圍的眼光，沒有一刻能安心。

你是否曾經想過：「如果世上能有更多溫柔強大、充滿包容心的人，大家就能活得更安心了。」當然，那確實能緩和不少不安，但是，這個想法只對了一半。

因為，我們無法從他人那裡獲得「安全感」。

想像一下：你獨自一人前往治安很差的國家旅行，在飛機上認識了一個看起來很溫柔的背包客，他對當地似乎也很熟。你心想：「跟著他應該就沒問題了。」結果，一到當地，那個人馬上換了一副面孔，態度變得十分惡劣。你心中原本滿滿的安全感頓時一掃而空，只剩下恐懼及不安。

別人所給予的安全感，是屬於「他人」的東西。**將自己的安全感寄託在他人及對方的情緒上，就必須面臨「隨時可能失去的風險」，永遠無法獲得真正的安全感。**

所以，一切都要回歸到「自我」。

以「自我」為中心的人，會努力依靠自己的力量站穩腳步，他們有能力保持自己與對方的界線，也非常清楚什麼事能退讓、什麼事不能。

以前文的故事為例，一個具有自我保護意識的旅行者，一旦發現同伴出現了不穩定的徵兆，馬上就會判斷「接下來不要一起行動比較好」，絕對不會把自己的安全交到他人手上。他們很清楚自己的安全比對方更優先，所以能立即選擇對自己最好的行動。

即使對方因此感到不滿或大發脾氣，他們也不會受傷，反而更驕傲有能力「保護自己和所重視的東西」。他們將自己視為最大的依靠，不會因為別人的一舉一動而恐慌，也不會在人際關係上耗費過多心力，所以能積極地與他人維繫關係，進而吸引更多同樣擁有自我的人，共享健康成熟的交流。

想要得到真正的安全感，人生就要以「自我」為中心。

確立「自我」，才能從莫名的不安中解放。

025

體貼應該出自「我想這麼做」，而非受制於他人

以「自我」為中心的人，能夠自主選擇「是否要體貼他人」，所以前文中所提到的「感知力」，就會成為強大的助力。

在某個場合，他們判斷「現在這個狀況不要強出頭」，便選擇配合對方；在別的場合，他們覺得「雖然明白對方要什麼，但現在不想這麼做」，所以聽從自己的心意，一切依自我意願來做選擇。

以「自我」為中心的人更有能力「給予」，即使他們為別人付出，也不會讓對方感到負擔。因為他們知道這麼做「自己會開心」，而不是為了「討好對方」。

即使對方的反應不如預期，甚至沒有任何回報，他們也能很快釋懷，安慰自己並認為「這次就算了」。他們的人生態度積極且不拖泥帶水，也知道「是自己願意做那些事」，所以不會一直耿耿於懷。

以「他人」為中心的人，會將自己的感知力放在補足他人，及周遭環境的不足

及缺陷上，甚至誤以為「全力幫助別人才是自己的存在價值」。

但是，當我們以自己的心情為優先，久而久之，就會發現周遭的人其實也在配合自己的行動。

這會讓我們更容易發現他人所擁有的優點及魅力，隨著接觸的機會增加，也能更加信任對方，活得更輕鬆自在。

如果一個人能依自己內心的狀態，來決定是否要「給予」，就能得到越來越多的自由。所有的體貼都是出自「我想這麼做」，「能敏銳感知現場氣氛」、「能理解他人心情」的感知力，就會成為優勢，幫助發揮最大的潛能。

擁有良好的自我肯定感，和以「自我」為中心的生活方式，就能讓「感知力」成為你的魅力之一。

你有能力自行決定，是否要配合他人。

026

審視自己的心情，才能掌握相處的適當距離

當自我肯定感增加，並且確立了「自我」，就更能掌握與他人的距離。

想要與他人保持舒服的距離感，需要具備兩種能力，即察覺自我情緒及感知對方的心情。舉例來說，當我們想接近某個人，如果無法感知「再往前會引起對方反感」，就會讓對方感到不舒服。

相反地，如果因為太在意別人的眼光，將心思都放在對方身上，就會不清楚自己想怎麼做，進而無法保持適當的距離。

所謂適當的距離，就是對自己和對方來說不遠不近、相處起來最舒服的距離。所以，首先要審視自己的心情，再觀察對方的反應及態度，找到對彼此來說最恰當的距離。一旦對方出現不舒服或反感的態度，就代表自己「靠太近了」，最好把距離再拉遠一點。

當然，如果對方主動遠離自己，一定會受到打擊。不過，以「自我」為中心的

人，能夠理解「只是剛好時機和做法不對，不代表自己被否定了」，轉而思考「在對方準備好之前先保持距離」、「努力贏回對方的信任」，或者乾脆「尋找跟自己更合得來的人，重新建立關係」。

有時對自己來說剛好的距離，卻會讓對方感到疏遠，但是勉強自己靠近，又會覺得不舒服。這種時候，以「自我」為中心的人會主動告知對方「自己還沒有做好心理準備」，不會隨波逐流或把責任推給對方。

有時候，則需要花點時間才能掌握彼此最舒適的距離。以「他人」為主的人，會不斷揣測「自己是不是被討厭了」、「對方是不是有什麼目的」，因此感到不安，從而想控制對方或施加壓力。

已經確立「自我」的人，願意花費時間心力、努力相互理解，最終找到與對方相處的最佳距離。

與他人的相互理解，建立在你的自我肯定感之上。

027

保有自我，才能建立「相互依存」的關係

當一個人懂得自我肯定，擁有以「自我」為中心的人生，就不會單方面「迎合他人」，多了「堅持自我意志」的選擇。

或許有人會想，重點在於「應該配合別人到什麼程度，又該堅持自己的意志到什麼程度」。這時就需要有效的溝通，下列介紹最基本的三種溝通模式。

❶完全以「他人」為中心（依存）

就是「完全依賴他人」的狀態。事情是否順利，全部掌握在別人手上，所以非常害怕被對方拋棄，總是處在不安和恐懼中，對自我的認知是「希望有人能代替自己，扛起一切」。

❷看似以「自我」為中心，實則以「他人」為中心（孤立）

為了不讓自己陷入被別人掌控命運的痛苦中，決定「再也不依賴任何人」，什麼事都自己解決。再極端一點，甚至覺得依賴別人是一種恥辱，變得爭強好勝，眼中只剩下輸贏和對錯。事實上沒有能力與他人保持界線，經常被別人玩弄於掌心，過著以「他人」為中心的人生。

❸理想的人際關係（相互依存）

處在「能自我獨立，也能尋求他人幫助」的平衡狀態。擁有堅定的自我核心，能夠與他人相互依存，並保持良好的溝通。

只要確實保有「自我」，就能與他人建立積極的連結。努力提高自我肯定感，讓自己從❶依存過渡到❷孤立，再學會建立如同❸的人際關係，就是未來的人生目標。

努力與他人構築平衡的良好關係吧！

028

不過度自責，問題才有解決的空間

以「他人」為中心的人生，一旦發生問題，所有的根源與解決方法，就會完全掌握在對方手上。

舉例來說，另一半外遇出軌了，以「他人」為中心的人會堅持「責任完全出在對方，他／她應該跟小三／小王分手，跟我道歉謝罪」。

但是，即使對方真的這麼做了，彼此的關係也無法得到修復。因為沒有確實面對問題，所以會不斷疑心「對方是不是又出軌了」，無法全心重建彼此的關係。

而以「自我」為中心的人，即使對方出軌了，也能夠從「夫妻」的角度去看待問題，努力思考怎麼做才能獲得最好的結果。進行諮商時，我也會勸客戶從「彼此都有責任，雙方是對等的」的角度去看待問題。

不過，這個意思並不是說「你也有錯，你也要受到譴責」。**因為罪惡感而自責「都是自己的錯」，和以「自我」為中心思考問題，完全是兩回事。**

即使問題的根源出在自己，處在罪惡感中也不能解決問題。坦率地面對自己的錯誤，不要一味地自責，努力找到解決方法才是最佳對策。

以「自我」為中心的人在解決問題時，都是「對事不對人」，這個原則也適用於自己。

不過，狡猾的罪惡感會一直誘惑我們責備自己。所以，要記得是「自己的態度及行為」出了問題，不需要責備「自己本身的存在」。

不要因罪惡感陷入自責，將問題的發生視為「幫助自己成長，讓彼此的關係更加昇華」的課題，就能解決人生絕大部分的狀況。

不要被「罪惡感」所迷惑，不過度自責才能解決問題。

029

坦然接受自己，練習與罪惡感共存

自我肯定感與減輕罪惡感，兩者有密切的關係。

當人產生罪惡感時，會用各種惡劣的言詞傷害自己。明明輕易就能原諒別人，當自己犯錯了，卻拚命自責「都是我太沒用了」。再加上所有事情都發生在自己的內心，沒有人可以阻止，更能盡情地謾罵自己。

只有「原諒自己」，才能不再用話語傷害自己。

只是，這種長年養成的習慣，在短時間內無法停止。一不小心連「明明想停止自責卻做不到，我真是太沒用了」，都變成用來否定自己的新素材。

這時，請告訴自己：「這就是現在的我。」每當內心出現罪惡感，想要責備自己時，就立刻跟自己說「這就是現在的我，沒辦法」，全然接納那個瞬間的自己。就算心情還跟不上也沒關係，只要在心裡默唸，總有一天能「原諒現在的自己」。

「這就是現在的我」，可說是自我肯定感的象徵。當我們能接納原本的自己，就代表我們已能完全掌控自己。

無法肯定自我的人總覺得自己難以掌控，經常在「明明應該這麼做卻做不到」的痛苦中掙扎。罪惡感常躲在這些自我掙扎當中，悄悄地建立起「對不起，我做不到」、「對不起，我這麼糟」的自責機制。

當事情一直無法按自己的想法進行，有人甚至會覺得「情緒只會讓自己動搖，應該徹底壓制」。

但是，情緒並不是意識層面所能控制的，與其想盡辦法壓制，不如更有智慧地加以運用。培養良好的自我肯定感，接納「現在的我」和「這樣的我」，讓自己成功地在情緒中乘風破浪吧！

不必刻意抹殺「罪惡感」，學會與它共存吧！

030

適時讚美，提高孩子的自我肯定感

在頁二八中曾提過，父母的自我肯定感對於育兒來說，十分重要。現在應該也有很多人對如何養育孩子抱有疑問，想知道「如何對待孩子，才能提高他們的自我肯定感」。

許多教育相關理論都能提供建議，如果單純只看「提高孩子的自我肯定感」，最重要的就是「讚美」。

讚美，就是認同孩子的「現在」。

最理想的方式包括：❶只要孩子努力嘗試，不管結果如何都要給予讚美；❷讚美要具體；❸用對等的態度表達讚美；❹發掘孩子的優點，具體表揚他的行為（例如「願意把玩具跟弟弟分享，你真是溫柔的哥哥」）。

但是，如果讚美孩子的目的是「為了讓他做什麼」，或者「等到他做了什麼」才能換來讚美，孩子不但不會感到喜悅，反而會因此產生壓力，這一點要注意。這種讚美方式會讓孩子開始看父母臉色，並且為了得到讚美而勉強自己。

因此，在讚美孩子之前，請先在心裡自問，是「純粹想讓孩子知道他的優點？還是帶著某種交換條件的期待？」

習慣否定孩子的人，請時刻提醒自己，要專心傾聽孩子的想法，不要否定，只要接納。想要修正孩子所犯的錯誤，可以用「雖然那樣也不錯，但是這麼做大家會更開心」的方式提醒，不要全然加以否定。

此外，時常跟孩子說「謝謝」也很有效果。像是告訴孩子：「無論結果如何，謝謝你幫助媽媽（爸爸）。」對孩子的行為表達感謝。

如果能跟孩子說「謝謝你來做媽媽（爸爸）的寶寶」，對孩子本身的存在直接表示感謝，效果更顯著。當孩子認知到自己的存在本身就有價值，便能大幅提升自我肯定感。

接納孩子的「現在」，不要吝於讚美。

第2章 總整理

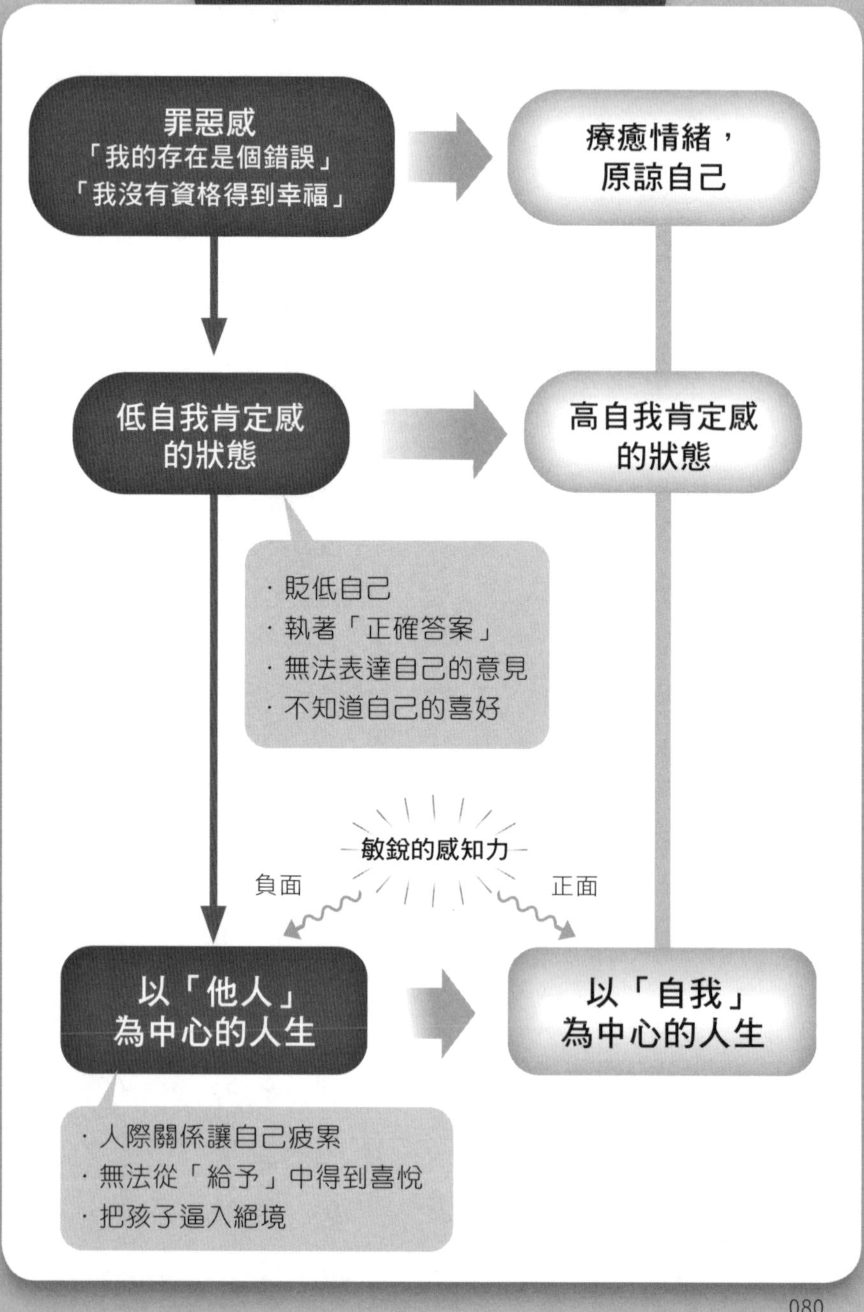

罪惡感
「我的存在是個錯誤」
「我沒有資格得到幸福」
療癒情緒，
原諒自己
低自我肯定感
的狀態
高自我肯定感
的狀態
· 貶低自己
· 執著「正確答案」
· 無法表達自己的意見
· 不知道自己的喜好
敏銳的感知力
負面
正面
以「他人」
為中心的人生
以「自我」
為中心的人生
· 人際關係讓自己疲累
· 無法從「給予」中得到喜悅
· 把孩子逼入絕境

第3章

不再自責，從「肯定自己」開始行動！

031

關注自己，是提高自我肯定感的第一步

接下來，就要開始進行提高自我肯定感的具體行動。第一步，是把意識重心放到自己身上。

在第二章曾經提過，許多自我肯定感偏低的人，都有以「他人」為中心的傾向，習慣將別人的情緒及感覺放在自己之前。

因為已經習慣去迎合他人，突然聽到「要以自我為中心、確立自我」，很多人會不知所措，因為他們不知道什麼是「自我」。

那也沒關係，只要正視現在的自己，理解「現在的自己是這種狀態」就好。不用心急地「明天就要拿回被他人掌控的人生」。請先參考第一至二章的內容，察覺「我可能總是以『他人』為中心」、「我就是這樣」就好。

如果不知道如何將意識重心放到自己身上，可試著回答下列問題，幫助你更客觀地看待自己。

❶聽到有人問「你想怎麼做」時，是否會覺得困惑？為什麼？

❷是否曾經貶低自己？內容是什麼？

❸是否總在煩惱怎麼做才能不被別人討厭？為什麼？

❹喜歡的東西是什麼？真的喜歡嗎？

❺是否總對自己或他人懷有罪惡感？為什麼？

一旦意識重心回到自己身上，請記得一定要好好稱讚自己。過去你從來不曾正視過「真正的自己」，現在終於看見了，這是比想像中還要重要的一步。

「我看到自己總是在費盡心思討好別人。」

「原來我總是貶低自己，什麼都自己扛。」

「我發現自己充滿了罪惡感，活得一點都不自由。」

請從這裡開始，一步步找回自由的人生吧！

不用太過心急，先正視「現在的自己」吧！

032

透過「重要的事物」，找回自己

察覺「對自己來說重要的東西」和「所珍惜的事物」，可以幫助我們將意識重心轉到自己身上。請靜靜地思考：「對我來說，什麼東西最重要？」

這個思考過程，能幫助我們再次確認「現在的自己，對什麼樣的人、事、物感興趣」。同時，「重要的事物＝自己」，找到珍惜的東西後，也會開始重視自己。

有了結果之後，請試著思考：「為什麼它們對自己來說很重要？」

這一步可以讓我們知道「自己重視哪些部分」。

例如，「我想擁有一個充滿活力的人生，所以很重視工作」、「我很珍惜身邊的朋友，他們讓我有安全感和療癒感」等等。

知道自己重視哪些部分，就要盡量讓它融入生活中，這能提升生活的舒適度及滿足感，也代表著對自己的重視，從而提高自我肯定感。

日常生活中，其實很少有機會去認真思考「什麼東西最重要」。很多時候都是發生了問題，才發現自己一直都忽視了重要的事物，例如因為太習慣而缺乏重視，或是失去了才發現自己多需要它，這種事情屢見不鮮。

因此，平常就要謹記自己所珍惜的東西，就算只是「想到時才會重視」也無妨。對於守護這些重要的事物來說，也很有幫助。

痛苦的時候，更需要回想自己所重視的事物。**因為，自己當下所感受到的痛苦，會讓所珍惜的東西變得更為清晰。**「就是因為痛苦，才要更珍惜重要的人」、「痛苦時更要珍惜自己」，這樣的想法能讓他們有力量選擇「不讓自己繼續痛苦」的行動。

請試著思考：「對我來說，什麼東西最重要？」

033

正向看待「缺點」，而不是一直批評

無法肯定自我的人，大多擅長找到自己的優缺點和弱點；反過來說，如果懂得運用這個技巧，就能更簡單地提高自我肯定感。人的優點和缺點是一體兩面，隨著觀看的角度不同，有時甚至會呈現相反的樣貌。

比如說，某人的缺點是「個性頑固又不知變通」，但是，也可以說他「充滿信念」、「意志堅強」；又或者，某人的性格弱點是「衝動又過度熱情」，但是反過來說，也可以說他「充滿熱忱」。

我們首先要做的，就是思索自己有什麼缺點或優點，將它們寫下來，接著思考「是否可以從正面的角度來解釋」。

範例❶ **三分鐘熱度，興趣難以長久**

⬇ **好奇心旺盛，永遠像初學者般充滿新奇，交遊廣闊。**

範例2 忘東忘西，總是給別人添麻煩
⬇ **是現場的開心果，接受幫助時會真心感謝。**

範例3 思慮過多，行事緩慢。
⬇ **能夠理性地綜觀全局，在後方提供協助。**

如果有時間，也可以試著觀察周遭其他人的缺點。自己的缺點可能比較難從正面的角度去解釋，但如果是別人，就會有更多包容心，理解「就是那樣才像那個人嘛」、「就是有那一面，才讓他有這個優點」。

有時越是想克服某個缺點，就越可能抹殺藏在背後的優點。所以，不用刻意改正缺點也沒關係。

其實，有時所謂的缺點，反而是專屬於自己的個性和特性。如果能學會從正面的角度來看待自己．自然能更加提高自我肯定感。

試著列出自己的缺點，再從「正面」的角度去解釋。

034

重新回想過去的創傷，解開心結

眾所周知，青春期的遭遇很容易成為自卑的原因。看似很小的一件事，也可能在長大後成為創傷，導致無法肯定自己。

國高中時期的青少年很在意周遭的眼光，習慣拿自己與他人比較。因此，這個時期所受到的打擊，很容易在心裡留下不小的陰影。

想要解開深藏在潛意識當中的心結，首先可以詢問自己：「國高中時期曾經受過什麼打擊？」

例如，「換了不同風格的衣服，結果被朋友嘲笑」、「原本以為感情不錯的朋友，在背後說自己壞話」、「最後的比賽沒能被選上」、「沒考上第一志願」等等。

接著思考：「那些過去是否影響了現在的自己？」

具體來說，可能會發現自己「從那以後就不太敢挑戰」、「對朋友產生不信任感」、「開始覺得自己很糟糕」、「變得不敢在人前發言」。

不需要強迫自己面對過去的傷痛，只要感受「當時發生的事，確實讓自己受到打擊」就好。光是找到形成創傷的原因，就能成為療癒內心及包容過去的契機。

重新回想過去，或許會發現「現在想想，那真的是很小的一件事」，能用更寬廣的視野去看待事實，或者從不同的角度理解「其他人當時可能也無暇顧及別人」、「當時離開社團之後，反而交到更多新朋友」。

就像這樣，如果能從更正面的角度看待過去發生的事，那就是自己的幸運。同時，也可能因此提高自己及人生的自我肯定感。

試著回想「過去受到的打擊」，與自我和解。

035

坦然面對「丟臉的事」，才能重新接納自己

青春期也是對「羞恥」很敏感的時期。這段期間，青少年的身體開始逐漸成熟，同時追求精神上的獨立，他們傾向於團體行動，因此經常跟周圍的人比較，對於「丟臉」或「恥辱」極為敏感。

因為害怕「丟臉」，有些人不僅無法和他人正常說話，甚至連打招呼都做不到。嚴重的時候會變成自我意識過剩，過度在意他人的眼光，擔心「別人怎麼想自己」、「旁人怎麼看自己」，反而忽視了自己的心情，隨時都在想著「不能丟臉」，從行動到天性都得不到自由。

如果還經常被身邊的大人責備「太丟臉了」、「不像樣」，也會讓他們產生過度的「羞恥感」。

一般來說，這種「羞恥感」會隨著年齡增長逐漸減輕。但是，即使長大成人，還是有許多人無法擺脫「不能丟臉」的行為準則，做任何事都畏首畏尾。

有的人曾經因為「與眾不同」而羞恥，例如成績優秀、容貌出眾、受歡迎或家世良好的人，在學校大多會受到注目，旁人看起來或許很幸運，當事人的自我肯定感卻沒有我們想像中的高。

這個年紀的孩子喜歡跟別人比較，「與眾不同」代表容易受到嫉妒，從而受到排擠或霸凌。再加上別人通常只看到他們表面上的光鮮，導致孩子覺得「沒有人理解自己的內心」。

不好的經驗多了，會讓他們產生「與眾不同沒有好處，只有丟臉」的感覺，進而壓抑自己，走向「泯滅自我」、以「他人」為中心的人生。

這裡要請大家再一次回想「國高中時期讓自己感到丟臉的事」，雖然一定不是美好的回憶，但是，在那些體驗中，可能隱藏著讓現在的你感到「不自由」的源頭。

試著更深層地挖掘過去的記憶，坦然地看待曾經發生過的事，接納心裡的「羞恥感」。這能讓我們感受並認同原本的自己，進而提升自我肯定感。

回想「讓自己感到丟臉的事」，努力去接納。

036

接受過去「失戀的經驗」，就是包容原本的自己

很多時候，戀愛也會讓人缺乏自我肯定感，對自己沒自信，過度為他人著想。失戀容易讓人全然否定自己，失去活下去的希望，甚至找不到人生的意義。特別是容易陷入戀愛腦的青春期失戀，更會受到超過成人三倍以上的傷害，覺得「自己的存在沒有價值」，開始貶低自己，沒辦法在之後的戀情中構築健全的關係。

有些人不想受傷的想法太過強烈，從此變得不再相信任何人。

長大成人後，不順利的戀情及夫妻關係，會對其他的人際關係造成影響。**戀愛是人與人之間最親密的連結，一旦受到創傷，就會在不知不覺中拉低當事人的自我肯定感。**

大家可以試著重新回想失戀的記憶，將所有伴隨而來的難過情緒，一一地寫下來。有的人是「結婚前夕被分手了」、「被劈腿了」等讓人無法接受的慘痛經驗；有的人是被家人或朋友鄙夷「一個小小的失戀有什麼好難過的」，因此受到打擊，失去

自信……。

「現在回想起來也沒什麼大不了，不過當時的確很難過。」即便覺得是小事，也一定要寫下來。因為，就算現在雲淡風輕了，也可能在自己不知道的時候變成內心的傷口及創傷，影響現在的自己。

回想過去的戀愛經驗時，請帶著理解並接納「很痛苦吧」、「當時打擊很大吧」的心情。接受過去痛苦的失戀經驗，就是包容原本的自己，對提高自我肯定感很有幫助。

請回想失戀的痛苦，努力給予包容吧！

037

勇於面對過去的挫折，才能重獲新生

想要去除無意識當中，阻撓我們提升自我肯定感的障礙，最有效方法之一，就是重新審視過去的挫折。**人生所遭受過的挫折，會讓人產生自卑情結，失去自信與自我肯定感，成為往後人際關係的煩惱根源。**

青春期最具代表性的失敗，就是「考試失利」，這個挫折會大幅改變當事人的性格及之後的人生。明明成績很好，所有人都認為他能考進名校，結果在考試時表現失常，最後只進了「保底」的大學。

看著過去不如自己的同學，一個個考上比自己更好的學校，他受到了嚴重的打擊。入學後，這個挫折也如影隨形，讓他失去了所有的動力，連性格也變得消極，認定「自己就是在重要時刻無法發揮實力的廢物」，產生強烈的自卑感，自然也影響了人際關係。

另外，「就業失敗」也經常會對人生產生重大的影響。

每次收到未錄取通知，就會感覺自己遭到否定，長此以往，便會產生「自己不被社會需要」的感覺；或者，盡了一切努力仍然無法進入嚮往已久的企業，讓之後的人生失去希望，變成沒有目標、得過且過的社會人。

一旦因為挫折而陷入自我否定，就會覺得身邊所有人都在否定自己，認為「大家都瞧不起我」。每次跟別人接觸，也會疑心對方「是不是看不起自己」、「如何看待自己」，導致與人往來成為一種痛苦。

過去的挫折會如同上述文字，在內心留下巨大的創傷，**唯有勇敢面對事實，再次從正面角度去看待人生，才能找回原本的自己、重獲新生。**當我們擁有堅實的自我肯定感，過去的挫折也能成為人生中的「寶貴經驗」。

重新回想，並審視過去的挫折吧！

038

寫下反抗期時沒說出口的話，解放壓抑情緒

大家在青春期的時候，經歷過「反抗期」嗎？反抗期的經歷在塑造自我肯定感上，占有很重要的地位。

一般人對反抗期的印象，就是進入青春期的孩子說話頂撞大人、對父母採取無視的態度，親子關係呈現緊張狀態的一段時期。隨著身心出現巨大變化，孩子也會對他人的視線非常敏感，導致情緒經常莫名地暴躁或不穩定。

對於青少年來說，這段時期是幫助他們精神成長的重要過渡期。他們透過反抗父母及周圍的大人去摸索自己的人生方向，克服內心各種掙扎，最後成為獨立自主的大人。

但是，如果父母過於嚴苛，或者喜歡干涉、控制孩子，孩子就會失去反抗的餘地。當他們不管說什麼都會遭到父母情緒化或各種道理的否定，沒有任何行動的自由時，孩子就會封閉內心的憤怒及不安，順從父母或社會對自己的安排。他們在應

該經歷反抗期的時候，受到了暴力的鎮壓，失去了反抗的機會。

從外表看他們都是「好孩子」，卻沒有自己的想法和意志，最終變成缺乏自我，以他人為中心的大人。

沒有經歷過反抗期的人，請思考：「如果現在回到過去，可以暢所欲言，你會想說什麼？」

沒有對父母說出口的話、不斷忍耐的事，還有各種痛苦的經歷，試著把每件事都列在筆記本上吧！

「永遠都是唸書，真是受夠了」、「承受了太多期待，實在很痛苦」、「說是為了我好，其實還不是為了自己的面子」、「一天到晚在吵架，令人窒息」，不論什麼事都可以寫下來。

越是解放過去壓抑的情緒，越能成功確立「自我」。每個人都需要經歷這個過程，才能用成熟的角度去看待社會及身邊的大人。

透過寫在筆記本上，解放反抗期被壓抑的情緒吧！

039

從「印象深刻的事件」，重新審視家庭關係

常言道：「與家人的關係將成為人際關係的基石。」與家人的共同經歷，是形成自我肯定感的重要因素之一。

請大家一起回想「與家人之間印象深刻的事」。如果是好的回憶，代表自己擁有充分的愛，懂得自我肯定。

若是回想起討厭、痛苦的記憶，很可能過去的人生一直默默地活在痛苦中，這樣的人很難表達自己的情緒，也無法與人建立親密的關係。

這個過程可能不太愉快，但還是希望大家盡可能仔細回想「過去曾經發生過什麼討厭的事」。

然後，試著寫下「當時是何種心情，感受到什麼樣的痛苦」；如果實在記不得當時的心情，請想像「那時可能是什麼感覺」。

例如「父母當時總是在爭吵，真的很令人厭煩，感覺整個世界都無處容身，每天只期盼他們不要再吵了。我真的很討厭父母吵架。」

例如「感覺父母只愛姊姊，雖然很希望他們也同樣愛我，但是，好像有沒有我都沒差，所以覺得很孤獨。」

藉由這樣的回想，可能會發現一些之前所不曾察覺的問題。

許多從小就是「好孩子」的人，為了不讓自己憎恨父母或兄弟姊妹，會努力控制自己的情緒，所以無法坦然表達真正的感覺。

這時只要如同前文所述，接受「過去曾經發生過這樣的事，讓自己感到很痛苦」的事實就好。透過這樣的步驟，就能解放糾纏在內心深處的情緒，提高自我肯定感。

仔細回想並寫下「與家人之間印象深刻的事」。

040

和母親的關係，會影響對自己的看法

在孩子培養自我肯定感的過程中，影響最大的莫過於「母親」的存在。

在孩子建立人格基礎的幼年時期，母親是與他們關係最密切的人；同時，也是打造人際關係基礎的關鍵核心。

接著就來介紹幾個最容易影響自我肯定感，具有代表性的母親類型。

❶ 情緒化的母親

這種類型的母親，經常突然不高興或是心情不好，情緒起伏非常激烈。被這樣的母親扶養長大的孩子，一舉一動都會以「不要惹怒母親」為標準，為了讓母親保持穩定的心情，會讓自己成為母親情緒的垃圾桶，並且盡可能不給母親造成麻煩。

他們對周遭人的「情緒」十分敏感，總是過度為他人著想，所以容易被人操控。

這種類型中，有的母親會「嫉妒」女兒的青春、才能或是容貌，特別是母親被迫過著必須忍耐的人生，看到可以自由高飛的女兒，會因為嫉妒而激烈地攻擊對方。

❷過度干涉的母親

這種類型的母親會插手孩子的一切事物，強迫他們接受自己的價值觀和思考方式。看似對孩子的教育十分熱心，其實是將孩子視為自己的所有物，不斷進行干涉及支配。

被這樣的母親扶養長大，孩子會缺乏自我思考的能力，覺得自己活在狹窄又不自由的世界裡，從而抹殺所有的情緒。他們會不自覺地選擇「讓母親高興的答案」，即使過了青春期，也很難與母親保持心理上的界線。

❸過度保護的母親

這種類型的母親十分缺乏自信，總是處在恐慌、不安及焦慮當中。她們時刻都在擔憂孩子是不是生病了、在學校是否被欺負、能否順利長大成人等等，進而變得過度保護。

在這種母親身邊長大的孩子，大多會長成「懂事的小孩」，一心成為母親的支柱。寧可忽略自己也要關心母親，傾聽她的煩惱，盡可能給予鼓勵，讓她感到開心及安心。

這樣的關係乍看之下很美好，事實上，孩子為了不讓母親感到不安，會努力讓自己變得「成熟懂事」，隱藏自己的情緒和想法。因此，他們長大成人之後也沒辦法順利表達自己的情緒，經常一個人背負所有的事情，覺得「只要自己努力就好」，導致最後身心俱疲。

❹ 忽視孩子的母親

這種類型的母親無法好好對待孩子，經常刻意忽視或對孩子採取冷漠的態度。她們可能無法忘懷原本的工作或生涯規劃，或者對人生抱著強烈的不滿及後悔，也可能過度投入在自己的興趣裡，導致不能把孩子的需求放在第一位。

由於孩子不理解背後的原因，所以會覺得母親「討厭」或「不喜歡」自己，嚴重的時候，連跟自己的母親說話都要猶豫許久。他們總是感到孤獨寂寞，也養成了看母親臉色的習慣。

他們與母親的心理距離過於疏遠，因此長大之後，也習慣與他人保持距離，經常為「不知道如何與別人建立親密關係」、「不擅長進行友好的對話」而苦惱。

大家的母親是什麼樣的類型呢？在小時候，是如何跟她相處的呢？

審視過去的回憶，應該能找到人際關係中，令人困擾的原因。**我們也已經長大成人，或許能將母親視為普通人，更客觀地看待她**。接受「她就是那樣的母親」，在內心劃下界線，就能消除拉低自我肯定感的因素。

不妨重新審視與「母親」的關係。

041

和父親的關係，會影響人際相處

與父親的關係，有時也會影響之後的人生以及本身的自我肯定感。因此，重新審視自己與父親的關係，也有不錯的效果。

比如說，一個對禮貌及教養極為嚴格、要求所有學習及興趣培養都必須獲得成果，一旦沒有達到期望就會發怒的父親，在孩子眼中就是「可怕的存在」。有的父親還會遷怒母親，覺得都是她「沒有好好教孩子」進而大聲叱責，讓孩子就像自己被責罵般受到衝擊。

如果這名父親還會動手，或者把孩子關在門外進行體罰，甚至有酗酒的問題，狀況就會變得更為嚴重。孩子在這樣的父親面前會變得害怕畏縮、總是窺看對方臉色，過著心驚膽顫的日子。即使出了社會也改不掉這種習慣，沒辦法表達自己的情緒，或者變成時刻討好他人的大人。

一般來說，父親在家庭中大多代表「權威」，所以也會影響我們與長輩或上司的

相處模式。與父親在心理上十分疏遠的人，通常與年長的上司相處也會出現困難，對社會及他人充滿恐懼，同時也缺乏自信。

此外，如果父親外遇或是拋棄家庭，女兒也會受到影響，她們對男性會變得極度不信任，也不認為對方會真的愛自己。而在完整的愛中長大、與父親心理距離非常親近的人，通常都擁有「自己是被深愛著」的自我形象，大多能培養出堅實的自我肯定感。不過，因為他們很容易受到公司或組織中的人喜愛，所以有時候會太過八面玲瓏。

大家的父親是什麼樣的人呢？在你們小時候，是如何跟他相處的呢？

現在所出現的煩惱，很多時候都跟家庭環境有關係，最好可以從各個觀點去探索分析。

重新審視與父親的關係，能找到煩惱的成因。

042 藉由文字「釋放情緒」，找回內心的餘裕

既然知道生長環境以及與家人的關係會影響自我肯定感，接下來，就要學習釋放情緒，找回內心的餘裕。

首先要做的，就是對在意的「那個人」發洩心裡積壓已久的情緒，這一步叫「釋放情緒」。「那個人」可能是母親，也可能是父親、老師或是同學，基本上就是看這本書時，心裡浮現的那個人。

自我肯定感較低的人不擅長與人交往，經常覺得「與別人有隔閡」，這個「隔閡」就是累積在心裡的負面情緒。當這些長期積壓的負面情緒被釋放出來後，就能消除隱形的隔閡，對人際關係也會有好的影響。

在此之前，只要受到冒犯就會直接封殺、單方面與對方斷絕關係的人，一旦學會如何釋放心裡累積的情緒，就不需要時刻與人保持距離，而能坦率地表達「我不喜歡你那麼說」。如此一來，對方也有道歉的機會，進而修復彼此的關係。

大家可以試著把過去一直沒有表露出來的情緒，全部發洩在筆記本裡。「無法原諒那件事」、「一直希望你可以那麼對我」、「那讓我很受傷」、「我一直很痛苦」、「對不起，我不該那麼做」，盡可能努力察覺心裡的這些情緒。

發洩時寫下的文字越激烈，釋放情緒的效果越好。如果真的不知道該寫什麼，也可以直接把當下的感覺寫下來，例如：「我不知道要說什麼，可能是之前壓抑太久了。」慢慢地，或許就能吐露自己真實的情緒，想起「對了，那時我也是在忍耐，其實我很希望那個人能聽我說話」。

或者，也可以用跟對方說話的口吻，寫下一封永遠不會寄出去的信。無法正常表達憤怒情緒的人，可以製作一本專用的怨恨筆記本，將所有負面情緒全部發洩其中，最後燒掉。關鍵是，**直到負面情緒解消到某個程度之前，都要堅持寫下去。**如果想要進入下一個步驟，這個過程絕不可少。

盡情釋放情緒，寫下對「那個人」的不滿吧！

043

試著從「對方」的角度思考，化解心結

釋放完內心積累的情緒之後，接下來就是理解那位讓自己抱有複雜感情的人，並且試著「寬恕」對方。

具體來說，就是寫下對「那個人」的感覺並發洩完情緒之後，嘗試站到對方的角度去感受。

比如說，「如果我跟他站在相同的立場，或許也是一樣的感覺」、「可能當時工作壓力太大，真的沒有餘裕吧」、「或許那個人缺乏自信，所以才會攻擊我」、「或許他只是不懂得怎麼愛人，並沒有惡意」等等。

關鍵是，從情緒上去理解「那個人」為什麼會那麼做。長大之後，我們多半都是用「頭腦」去理解對方，現在要做的就是關閉思考能力，努力從情緒上去理解對方。這麼做或許就能理解對方，了解他「當時或許真的很痛苦」、「那時可能真的快不行了」，甚至為對方哭泣。

那個讓自己痛苦、寂寞、害怕，產生負面情緒的人，當我們努力想像對方曾經走過的人生，試著去貼近和理解，或許就能明白，當時對方為什麼會如此對待自己。

這麼一來，內心就會湧現「好像也不能怪他」、「他當時應該也盡力了」的情緒，進而能寬恕對方。從結果上來說，這能讓我們正面看待「那個人」對自我人生的影響，例如「當時雖然很痛苦，但我也因此變得更堅強」、「最終我獲得了很大的成長」。

最後，試著寫下大約十件「想感謝對方的事」，當心裡真正出現「感恩」的情緒時，整個「寬恕」的過程就算完成了。

如果一次不夠，可以反覆進行這項作業，最好能累積到一百件左右。你會看到自己透過這個過程，更加積極地去面對人生。

站在「那個人」的立場，理解他的情緒。

044

試著理解母親，寫下想對她說的話

一般人在青少年時，若沒經歷過反抗期，或是與母親關係緊張的人，不妨空出一段時間，專心審視自己與母親的關係。過程與頁一〇〇至一〇三相同，但因為對象很重要，因此，接下來列出更具體的步驟。

❶ 寫下對母親真實的感覺（憤怒、寂寞或愛皆可）。
❷ 寫下為母親忍耐或犧牲的事。
❸ 寫下沒有對母親說出口的話，或者因為母親而沒有做的事。
❹ 寫下母親讓自己最感謝的事。
❺ 寫下感謝母親成為自己母親的理由。
❻ 寫下感謝母親的信。

首先，透過❶到❸的步驟，盡情傾吐對母親所抱持的負面情感，釋放自己的情緒，這一步很重要。

等到釋放完負面情緒，心情變得稍微輕鬆，接下來就可以進行❹到❺的步驟。

當自己寫下「每天工作那麼忙還是會接我上下課，現在回想起來，應該很辛苦吧」、「雖然沒時間參加學校的活動，但還是每天早起幫我做便當」等溫暖的回憶，內心就會自然而然湧現感謝的情緒。最後，再將這樣的心情寫在步驟❻的信裡。

做完這一系列的步驟，就能從正面的角度發現，「母親」對自己在成長及學習上的幫助，例如「因為母親很嚴格，我才能努力讀書，獲得現在這個工作」。

過去的「事實」無法改變，但是，當解釋的角度不同，「真相」也會隨之改變。

如果我們能從正面的角度看待過去，覺得「成為媽媽的孩子太好了」，就代表我們接受了「現在的自己」，進而獲得安全感及自信，提高自我肯定感。

釋放出對母親的負面情緒，再試著表達感謝吧！

045

專注於「愛」，放下罪惡感

讀完頁四二至四九的內容後，若覺得自己可能是「容易產生罪惡感的類型」，可以嘗試「專注於愛中」這個有效的方法。

我認為，罪惡感與愛的比例，是成正比的。

比方說，每當孩子發生什麼事，大多數的父母都會抱著強烈的罪惡感，覺得「都是我的錯」；跟戀人分手時，很多人也會自責「我深深傷害了對方，我已經沒有資格獲得幸福了」。

愛得越強烈，罪惡感就越重。也就是說，在強烈的罪惡感背後，隱藏著同等強烈的愛。

既然所有行動都是出於愛，就算最後沒有得到原本所期望的成果，也要努力認同那份價值，告訴自己「愛是沒有錯的」，如此就能減輕罪惡感。

我以某位女性的狀況為例，她總是選擇無法讓自己幸福的對象，因為她覺得自己「不可以變得幸福」、「沒有資格獲得幸福」。

因為她從小就頻繁看著雙親爭吵，以及母親痛哭的模樣，內心深深地感到自責，覺得自己的存在「根本無法幫助父母，也不能讓母親露出笑容」。這讓她在潛意識裡累積了強烈的罪惡感，認為自己無法幫助及拯救任何人。

我很認真地告訴她：「因為妳深深愛著自己的父母，所以妳其實一直很努力。」我想讓她明白雖然沒辦法拯救父母間的關係，但因為本著對他們的愛，其實妳一直很努力。最後，她終於能原諒自己，也能容許自己獲得幸福了。其實，只要她獲得幸福，養育她的父母亦會感到快樂及驕傲，那就是對他們來說最大的拯救。

就像這樣，當我們與愛產生連結，就能療癒內心的罪惡感。

每當發生讓我們產生罪惡感的事件時，一定要回過頭思考，事件中是否隱藏著愛。愛能讓我們原諒自己，同時找回自我肯定感。

試著找到「罪惡感」中所隱藏的「愛」。

046

練習正向暗示，告訴自己「我是無罪的」

為了放下罪惡感，讓自己得到原諒，正向暗示（affirmation）是非常有效的方法。這是一種「正面的自我暗示」，經常對自己說積極的話，就能逐漸影響潛意識，進而產生正面的效果。

接下來就來介紹名為「無罪宣言」的方法。不斷反覆這麼說，內心就會慢慢平靜下來，莫名地感到平靜與安心。所以，一定要試著複誦這些話。

我原諒我自己。
我是無罪的。
我所有的罪孽都受到寬恕了。
我可以打開牢房的門，自由地在空中飛翔。
我愛我自己。
我已經是無罪的人了。

懷抱著罪惡感的人，一直都無法原諒自己，把自己關在內心的牢籠，不斷受著懲罰。這個宣言的目的，就是幫助我們從牢籠中解放，允許自己「自由地在空中翱翔」。

懷有強烈罪惡感的人，每次唸這段話都會淚流滿面，甚至說不出一句「我是無罪的」。

因此，在做正向暗示時，要盡可能淡淡地、平靜地複誦出來。太多的情感會導致情緒激動，讓內心產生反抗，衍生出更多麻煩。只要以唸經或說祝賀詞般的語調，平靜地唸出來就好。

反覆進行這項作業，能讓我們從罪惡感中解放，內心變得輕鬆，不再陷入自責的情緒裡。當然，最後也能提高自我肯定感。

平靜地告訴自己「我並沒有罪」，就能減輕罪惡感。

047

肯定過去的努力，為自己按讚

肯定過去的自己，才能最即時地提高自我肯定感。

我一直認為，自信來自於「經驗×自我肯定」這個方程式。無論擁有多厲害的經驗、周圍的人多麼認可你，只要自己不認同就無法得到自信。所以，任何過去的經驗都可以，對自己所經歷的事說一聲：「你真的很努力了！」

雖然，只要願意回想一定找得到，如果真的想不起來自己過去努力過哪些事，就回想閱讀頁八八至一〇五時，心裡曾經浮現的回憶，以它們作為對象就好。

「你一直很有耐心地聽媽媽抱怨，真的很努力！」

「為了回應父母的期望，你努力考上大學了，真的很棒！」

「明明那時你的工作也很辛苦，還是給了戀人最大的支持，真了不起！」

「你為了夥伴接下了部長的職位，做得好！」

像這樣具體地對過去說一聲「你真的很努力了」，在心裡為自己畫一個大大的圈吧！

即使這些經驗沒有獲得所期望的結果，但是你曾經真的想回應那份期望、真的拚命地想幫助對方，不惜犧牲自己也要付出努力，那就是一件很了不起的事了。

即便心裡想著「應該可以做得更好」，還是跟自己說聲：「你已經盡力了，沒問題！沒問題的！」

人對自己的要求永無止境，所以，肯定自己過去的努力，告訴自己「你做得很好」吧！**認同自己過去的經驗及當時的努力，才能增加自信，有力量過著以自我為中心的人生。**

回想過去的經驗，給那時的自己畫一個圈。

048

找到「被愛的證據」，察覺自我價值

人必須要從各種痛苦的情緒中解放，並且提升自我肯定感，才能感受到「自己有被愛的價值」及「自己值得無條件的愛」。

缺少自我肯定感的人，經常覺得「從小就沒有被愛的記憶」或「談戀愛及交朋友都不順利」，他們太過於為別人著想、在意周圍的氣氛，最終忘記身邊其實還是有人愛著自己。

但是，只要活著，就沒有人是完全不被愛的。要理解這一點，最有效的方法就是收集自己「一直被愛」，且活在愛裡的證據。

請在腦中回想自己至今所遇到的人，以及現在身邊的人。

試著從自己與他們的往來中，回想曾經受到的溫柔、幫助、保護以及照顧，找尋被愛的證據。

對方不一定要是身邊的父母、兄弟姊妹、戀人或朋友，可以是補習班老師、公司前輩、附近商店街的老闆，或者是住在遠方的親戚等等。

內容可以是很細節的事件，例如「有人在轉學當天主動跟我說話」、「朋友陪伴我度過失戀的夜晚」、「大學落榜時，老師很真心地安慰我」、「酒吧店長聽我傾訴了各種煩惱」，回想過去的人生，一定可以找到愛我們、願意支持我們的人。

將這些事實寫下來，內心就能接收到「我是被愛著的」、「我並不孤單」、「我有被愛的價值」等訊息。

只要進行過一次這個步驟，就會感覺到效果，如果能不斷重複，原本潛意識裡根深蒂固的「我不被愛」，就會被「我是被愛著的」的感覺取代。

一旦對自己的感覺變成「我是被愛著的、我是有價值的人」，不但能提高自我肯定感，人生也會出現極大的改變。

回想被他人所珍惜的記憶，將它們寫下來。

049

發現自己的缺點時，練習包容

想提高自我肯定感，並且認同原本的自己，就需要接納現在的自己。這個意思是，不去否定幼稚又笨拙的自己，只是全然地給予接納，做不到的事就說做不到，不懂的事就說不懂。

即使無法按照腦海中所認定的「應該」或「想要」去行動，也不會自我貶低，而能理解、支持自己。

總是處在自責中的人可能會想：「如果做得到，就不用這麼辛苦了！」但是，如果這個人是你最重要的朋友或戀人，就算他再笨拙、缺點再多，我們不也能給予溫柔的包容嗎？現在，你只需要用同樣的方式對待自己就好。

痛苦的時候，接受自己「現在真的很痛苦」，是非常重要的一件事。如果連你自己都否定並忽視這個情緒，那就沒有人能發現你的痛苦了。現在，這個重要的朋友對你說「我好痛苦」，請溫暖地對待它，擁抱痛苦中的它吧！

如果不管怎麼做都無法認同自己的心情，可以試著思考，當感情很好的後輩做了跟自己同樣的事，自己會對他說什麼，然後再對自己說完全相同的話。

如果後輩真的在工作上失誤了，你一定會安慰對方：「你已經很努力了，沒問題的。這件事連資深員工做起來都有困難，你能夠撐到那個階段，已經很了不起，更何況你才來公司一年而已，真的很厲害哦！」把重點放在「肯定」他所達成的結果。

所以，希望你也能跟自己說一樣的話。

認同那個幼稚又笨拙的自己，像對待重要朋友般給予包容和支持，最終就能接納最自然、最真實的自己。

看到自己的缺點時，如同對待後輩般，給予溫柔的安慰。

050

告訴自己「我是我，別人是別人」

進行正向暗示時，有一句話可以直接影響自我肯定感。那就是「我是我，別人是別人」。

自我肯定感不足、沒有自我的人，會習慣以他人為中心，與他人的界線通常很模糊，經常被別人的舉動或是旁人的想法等外在事物影響，弄得身心俱疲。

這時就需要設下健全的界線、強化自我核心，最有效的方法就是「我是我，別人是別人」的自我暗示。如果能像唸咒般反覆複誦，更能提高自我暗示的效果。

周圍有人時，可以閉上眼睛，把手貼在胸前，默默地在心裡吟唱。這個方法對於抑制負面情緒及衝動思考也很有效果，可以一直反覆唸到心情平靜為止。

如果影響你的是特定人物，可以直接把具體的名字放進暗示裡。有意識地唸出「我是我，媽媽是媽媽」、「我是我，他是他」、「我是我，部長是部長」、「我是我、妻子是妻子」，更能幫助自己與對方劃出界線。

說這些話時，如果心裡感到有點寂寞或虧欠，那就代表你和那個人的距離太過靠近。這很容易變成以他人為中心的狀態，因此，直到這種感覺消失之前，都要反覆複誦這些話。

也可以事先定好自我暗示的時間，會有不錯的效果。比如吹頭髮時、泡澡時、通勤時或洗碗盤時……當這個行為變成日常習慣，大約三週就能感覺到明顯的變化。

當自己每次進行這些例行公事，都會不自覺地唸出聲，就代表這個習慣已經養成了。接下來，就是逐漸在情緒、行動及思考模式當中確定「我是我」，在意識裡增加「我」的分量。

最後，你就能主動地做出選擇，清楚知道「我想怎麼做？決定怎麼做？」對深受他人影響、總是否定自己的人來說，一定可以提高自我肯定感。

複誦「我是我，別人是別人」，以強化自我。

051

被討厭也沒關係，才能做回真正的自己

下一個正向暗示，是「被討厭也沒關係」。請先輕聲唸二十次這句話，然後，你有什麼感覺呢？

如果你的心情變輕鬆了，表示這句話對你有幫助，請有意識地每天唸三十至五十次左右。

如果你對這句話感到抗拒，就要思考自己心裡是否隱藏著某個「不想被別人討厭」的創傷。

請試著盡可能寫下「被人討厭所造成的困擾」，例如「在職場被孤立」、「一個人孤單寂寞」、「遇到困難，沒人伸出援手」等等，把所有想得到的狀況寫下來。之後，再針對每一項困擾進行思考：「為什麼這麼想？為什麼覺得會變成這樣？」

慢慢地，你就會想起自己過去「被別人討厭」的痛苦經驗，或者看到別人遭遇相同狀況時的心情。回想起這些讓你「不想被別人討厭」的經歷及傷痛之後，可以寫下來，並告訴親近的人或諮商師。

分享是放下的第一步，當別人對我們的痛苦經歷產生共鳴，便可有效地療癒內心的傷痛。

進行「被討厭也沒關係」的正向暗示時，如果能加上「我不怕○○」的練習會更好，例如「我不怕在職場被孤立」、「我不怕一個人孤單寂寞」、「我不怕遇到困難時，沒人伸出援手」。這句話的效果很驚人，但是情緒比較強烈，若是心裡感到抗拒時，隨時都可以停止。

當我們放下「不想被別人討厭」的想法，就會產生「被討厭也沒關係」的勇氣，進而不再害怕「被別人討厭」這件事，最終不再在乎別人的想法。當我們擁有「不管別人怎麼想，我都能自在地做自己」的自信，就代表找回了自我肯定感。

練習說「被討厭也沒關係」，找回自我肯定感。

052

回想「過去受到的稱讚」，找回自我價值

大家最近曾經被稱讚過嗎？回想過去曾經受到的稱讚，對提高自我肯定感也很有效果。

自我肯定感較低的人習慣尋找自己的缺點，不只如此，他們也沒有能力接受別人的讚美和認同，只要話語中稍微帶有一些批評或批判，他們就會將之全然視為否定，當中甚至有人完全不覺得自己受到稱讚。

一個人的自我肯定感太低時，會下意識地忽視別人「對自己的稱讚」，只會聽到「對自己的批評」。

舉一位女性的故事為例，她的主管總是稱讚她「工作認真仔細」、「統整資料的能力強大」、「服裝得體」、「性格細心，總能適時為同事提供幫助」等等，對她讚譽有加。

但是，主管只是某次隨口說了一句「如果工作速度能再快一點，那就完美了」，

過去所有的讚美就全部失去了意義，從此之後，她就只記得主管說的這句話。

她知道主管沒有惡意，但是，因為她太缺乏自我肯定感，讓她對主管的這句話耿耿於懷，最後轉為對自己的貶低和批評。

如果只能聽到對自己的否定和批評，自我肯定感當然會越來越低。所以，這裡要練習將意識聚焦在「過去受到的稱讚」。

即便你覺得自己從來沒有被人稱讚過，也可能是因為自我肯定感太低，以致無意識地忽視了別人對你的肯定也說不定。

「說起來，之前的確有人這麼稱讚過我。」努力回想過去曾受到的稱讚吧！可以是最近的經驗，也可以是很久以前的事，這些回憶能幫助你重新看待「自己的價值」。

回想別人對自己的稱讚，將它們寫下來。

053

寫下憧憬的人物特質，找出自己的魅力

想要了解自己的價值，可以試著關注周圍的人，看看他們所具備的魅力。接著，將身邊的人所具有的價值及魅力，盡可能全部寫下來。例如，「既溫柔又細心體貼」、「勇於挑戰」、「具有豐富的幽默感」、「關懷同伴，具有領導氣質」等等。

這些讚美，其實就是你自己本身的魅力，也是你真正的價值。

心理學指出，人會「透過自己的濾鏡看世界」、「將自我內心投射到外在世界」。意思就是，我們沒有能力察覺並評價自己所沒有的魅力，說得專業一點，就是所謂的「投射效應」（Projection effect）。

因此，如果你覺得「身邊的人很溫柔」，代表你的內心也很溫柔；因為你具備挑戰精神，也深知它的美好，所以能肯定勇於挑戰的人。

有人可能會反駁：「厲害的是我身邊的人，不是我！」你之所以有這種感覺，是因為你沒有能力，或者不願意認同自己本身的價值和魅力。

因此，即使你無法從現在的自己身上看到那些魅力，也要告訴自己，或許「我確實具備那麼美好的特質」。

另外，也可以試著寫下自己所憧憬的人物特質。

你筆下所描述的人物，就代表了你真正的魅力。那個讓你憧憬的人，其實就是充分發揮了你的潛在魅力和價值，進而散發光芒的人。

透過這些練習，你會慢慢察覺到自己的價值，確立自我，並提高自我肯定感。

身邊的人所具備的魅力，也是你的魅力。

054

練習表達自己的喜好，而不是隨波逐流

接著要介紹的是，人生中「想做」和「不想做」的清單。

對於凡事都以對方的心情及周遭氣氛為優先，以他人為中心的人來說，他們的人生幾乎不存在真正的快樂。

即使一個人獨處，他們也會反覆進行「個人反省」，懊惱「之前應該這麼說才對」、「自己是否做錯了什麼」，根本沒有時間思考自己真正「想做」的事。

最終，他們就迷失了人生的方向。

想改變這個壞習慣，首先要製作清單，即寫下「想做的事」和「喜歡的東西」，例如喜歡的食物、想去的地方、心愛的偶像、欣賞的造型、計劃的旅行等等，什麼都可以。

重要的是，盡可能將所想到的項目都寫下來，剛開始至少要寫下三十個項目，我的建議是以「年齡乘以十」為基準。如果一次寫不出那麼多，也可以每天寫十個，然後持續寫下去。

比如說，三十歲的人可以用一個月的時間，每天思考「自己喜歡什麼？想做什麼？」一旦養成習慣，就能更加確立以自我為中心的人生方向。

與此同時，也可以試著列出「討厭的東西」和「不想做的事」。

這能幫助自己確認人生是否「被討厭的事物包圍」，也能更明確地區分自己的喜好。人活在世上，最重要的就是堅持「不做自己討厭的事」。

這些練習最主要的效果，就是讓自己遠離討厭的事，進而專注在喜歡和想做的事情上，實現夢想人生。因此，請一定要努力練習，養成時刻面對自己的習慣。

總是隨波逐流，認為「什麼都可以」、「別人覺得好就好」的人，也能慢慢地以自我為中心去思考，進而表達出自己的喜好和堅持。

列出「想做」和「不想做」的清單，誠實面對自己。

055

堅持做「讓自己露出笑容」的事

接下來，就是要選擇能讓自己露出笑容的事。這能減輕長久困擾自己的罪惡感，對於提高自我肯定感也很有效果。

做一件能讓自己露出笑容的事，等於愛自己，再加上「露出笑容」的具體內容，應該很容易鎖定條件。

首先，問自己「喜歡什麼」及「遇到什麼事會露出笑容」，然後盡可能化成具體文字列舉出來。內容可參考下列的範例，再小的事情也沒關係。

例❶ 沉迷於心愛的漫畫。
例❷ 盡情地吃巧克力。
例❸ 制定旅遊計劃，前往憧憬的國家。
例❹ 在家裡悠閒地看電影。
例❺ 前往獲得高評價的餐廳用餐。

剛開始想不出來沒關係，也可能會出現很不舒服的感覺，心裡抱著強烈罪惡感的人，經常會覺得「自己根本沒有資格笑」。

當他們想到某件喜歡的事，會想著「自己可以做這件事嗎？」實際嘗試後，又會產生罪惡感，覺得自己做了不應該做的事。

即便如此，也要努力選擇能讓自己露出笑容的事，持續堅持，總有一天能消除深植在無意識中的罪惡感。

堅持做能讓自己露出笑容的事，也會為身邊的人帶來笑容，當你重新恢復笑容，希望你幸福的人也會感到安心和開心。**也就是說，積極地讓自己擁有笑容，除了確立對自己的愛，也是對身邊的人展現愛。**

這會讓我們活得自在開心，當專注於討好自己，就證明我們確立了以自我為中心的人生。

列出能讓自己露出笑容的事，努力堅持下去。

056

設定「夢想」與「目標」，感受自我成長

接下來，請參照頁一三〇的「想做的事」清單，試著寫下今年想要實現的夢想。內容可以是「實現長年想去南美旅行的願望」、「一定要成功結婚」等人生夢想，也可以是「挑戰資格考」、「去健身房鍛鍊身體」、「增進做菜手藝，做給另一半吃」、「找到新的興趣，擴大交友圈」等日常生活的願望。

決定之後，就要設定具體的目標。重點是，設定的目標要能讓自己充滿期待和嚮往。有效的方式有兩種，大家可以選擇適合自己的。

第一種是❶目標設定型，這種方式適合喜歡為自己設定具體結果或數值，並能從中得到成就感的人。例如，「托益考到八百分」、「一年內認識五個人」等包含具體數字的目標。

另一種是❷追尋使命型，這種方式適合不喜歡訂定太長遠的目標，只一心專注於眼前任務的人。這種類型的人可以設定「學好外語，去見外國友人」、「遇見真命

天子，獲得理想的求婚」等感性型目標。

決定好目標之後，再準備一本時間管理手帳。

如果你屬於「❶目標設定型」，請制定階段性的中間目標。例如，三個月後要進入高階課程、六個月後要挑戰第一次托益考試等，將定好的計劃寫在目標月分上。

若你是「❷追尋使命型」的人，可以在手帳中寫下能激勵並啟發自己的字句。例如，一個月後問自己：「有沒有人介紹不錯的對象呢？」三個月後則鼓勵自己：「最近變得很有魅力哦！加油！」

然後，要經常回顧自己的目標。即便計劃不如預期，也只要關注自己「透過挑戰所獲得的成長」就好。**感受自己的成長，會成為明天繼續生活的希望，當然也能提升自我肯定感。**

用文字描繪「夢想」，並落實為「目標」。

第3章 總整理

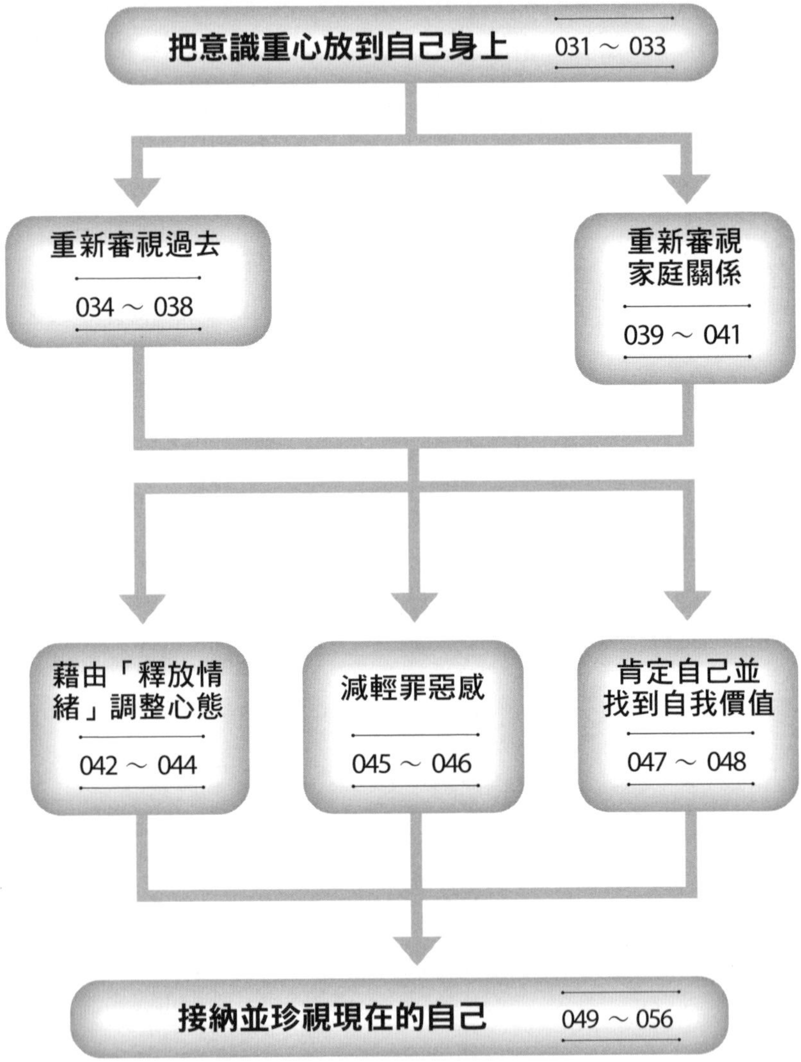
把意識重心放到自己身上 031～033
重新審視過去 034～038
重新審視家庭關係 039～041
藉由「釋放情緒」調整心態 042～044
減輕罪惡感 045～046
肯定自己並找到自我價值 047～048
接納並珍視現在的自己 049～056

第4章

如何保有自我，不再迷惘？寫日記、讚美自己都有效！

057

練習雙腳踩地，整理內心、找回平靜

這一章，我們要來學習保有自我肯定感的習慣。

首先要介紹的是透過「雙腳踩地」，以找回自我核心的冥想訓練，又稱為「接地練習」（Grounding）。

人們平常會花費非常多的能量去「思考」。在情緒不穩、心情鬱悶時，也很容易受到他人影響，變得以他人為中心。

當滿腦子都是負面思考、心情特別不安，或是遭遇困境、感到緊張與焦慮時，更會消耗龐大的能量在「思考」上，讓自己處在惶恐不安、如履薄冰的狀態。

為了改善這個狀況，我們可以常做接地練習。首先，❶把雙腳穩穩踩在地面，將混亂無緒的意識轉移到下腹部。俗話說：「腹有詩書氣自華。」下腹部就是丹田，是心氣和力量的中心。把意識集中到下腹部，可以幫助我們找回自身的力量。

接著，❷將意識轉向雙腳。感覺雙腳穩穩地踏在地面，能讓人心情平靜，產生安心感，同時慢慢將意識從腹部往下移到離頭部最遠的腳，讓負面情緒隨著雙腳流入大地。

如果方便，最好可以打赤腳，感受腳底的感覺。

將意識集中到腳底，感覺地面「溫暖」、「乾燥」的觸感，再試著用腳趾抓地，雙腳用力踏穩，開始深呼吸，想像著廣闊無垠的大地空間，整理內心、讓情緒平靜。

過程中，不需要在意是否做好每個步驟，只要放鬆地去體會身體的感覺就好。如果是在戶外進行，可以穿著鞋子，也可以採取坐姿或站姿，只要方便，隨時都能進行。

當你特別感覺到自己的精神正大量消耗，或是失眠、過度焦慮時，建議多進行這個訓練。只要短短一分鐘，就能迅速調整心情。

當思緒混亂不安時，努力將意識轉移到下腹部，專注於腳底的感觸。

058

焦慮不安時，「深呼吸」能讓人安心

「心病從身起，身病從心起。」東洋醫學的這句格言，說明了心理與身體的密切關係。因此，調整身體狀態，對於整理內心有很好的效果。

深呼吸，就是既簡單又有絕佳效果的動作。

當我們陷入焦慮、煩惱、不安或恐懼等負面情緒時，呼吸會變淺、變快，體內得不到充足的氧氣時，就會感覺「喘不過氣」。

覺得喘不過氣時，就試著深呼吸吧！有意識地加深自己的呼吸，重複幾次之後，心情就會慢慢平靜下來，也更容易找回「自我」。

深呼吸的關鍵在於，要先從「吐氣」開始。調整好姿勢，輕輕閉上眼睛，盡可能用最長的時間，緩慢地將體內的空氣從嘴裡吐出來。直到感覺「肺部的空氣淨空」，再慢慢用鼻腔吸入空氣，在心中數數並反覆進行十次。

閉上眼睛是為了隔離外在資訊，能讓人更專注於自己的呼吸，建議可以同時進行頁一三八介紹的「接地練習」，能得到雙重效果。

深呼吸能緩解不安及緊張，幫助找到自我，也有提升集中力的效果。在讀書或工作的空檔，或是考試、簡報之前，都可以利用深呼吸來消除緊張。

同時，也可以在通勤或睡前等日常行為中，養成深呼吸的習慣，或是經常確認自己的呼吸，一旦感覺「今天的呼吸好像比較淺」，就可提醒自己開始深呼吸，保持心情平衡。

進行瑜伽或冥想時，都會特別強調呼吸的重要性，其實在日常生活中實行也很簡單，效果迅速，請大家一定要養成習慣，在生活中實踐。

如果情緒陷入低潮，請慢慢深呼吸十次吧！

059

試著整理環境，內心也能獲得平靜

整理房間或是身邊的環境，對於提高自我肯定感、找回內心的平靜也很有效。房間環境通常代表一個人的內心狀態，當心情產生動搖，連帶著房間也會變得雜亂。

不妨在早上打掃或整理房間，以振奮一整天的情緒。例如訂下「早上五分鐘」的計劃，今天先清理玄關、洗臉台等，明天再整理其他地方，輪流清掃。看到房間逐漸變乾淨，會大幅提升自我肯定感。

辦公桌也很容易因為工作繁忙、沒時間整理而變得雜亂。因此，最好可以養成早上一到公司就先整理辦公桌的習慣，光是把資料排好、擦拭桌面、清理電腦的灰塵，就能讓心情平靜，處理工作時更有動力。

此外，當外在環境出現衝突或是周圍出現干擾，也可能影響自我核心，這時不妨主動改變身邊的環境。**如果一直待在讓自己產生負面情緒的地方，只會讓心情更低落，想法變得更悲觀。**

這時，最好的方法就是「改變環境」，例如去休息室休息、到超商買東西或是前往公園散步，只是這樣就能有效消除負面情緒。

四處走動可以幫助清空大腦、重啟思考，不只能轉換心情，有時還能讓自己獲得全新的靈感。轉換外在環境時，可以順便伸懶腰、踮腳尖，或者用包包舉重，盡可能伸展筋骨或身體。

活動身體能讓人暫時遠離思考，將注意力放在活動的部位或動作本身，讓心情平靜，有效提升集中力。

環境比想像中更能影響內心狀態，因此，改變我們身邊的環境，能有效消除內心的負面情緒。

內心不平靜時，試著整理身邊的環境吧！

060

多做日光浴，幫助調整心情

早晨的陽光非常美好，對於調整心情十分有效。一旦覺得「自我肯定感好像變低了」時，可以在早上十點前，盡情沐浴在早晨的陽光裡。

據說，如果讓陽光照在額頭中央的位置，還能活化位在大腦深處的松果體，可以讓思考變清晰，同時促進「幸福荷爾蒙」——血清素（serotonin）的分泌。

曬太陽的地點可以是家裡的窗邊、陽台、捷運月台或是公司的落地窗等。稍微挪出一點時間沐浴在陽光下，同時想像陽光集中照在額頭中央，會帶來意想不到的效果。

許多「被迫遠距工作或居家辦公」的人，因為不再像之前可以自然接觸到陽光，導致情緒變得低落。一旦在家隔離的時間變多，越要製造曬太陽的機會。

呼吸戶外的新鮮空氣，也能有效調整心情。如果思考變得負面或是無法集中，就積極地走出戶外，盡情深呼吸吧！

當大腦獲得充足的氧氣，身體和心靈都能煥然一新，親身感受四季的變化，也能有效提升五感，讓注意力更集中。

這時，記得一定要抬頭望向天空。

每當自我肯定感開始減少，或是因為他人而精疲力盡，我們都會不自覺地低垂著頭。**越是這種時候，越要抬頭看向天空，人在望向天空時，通常很難陷入煩惱。**一旦養成習慣之後，即便產生煩惱，也不會困在負面的情緒裡。

外出旅行放鬆時，人們經常會眺望天空，當人感到放鬆或心情愉悅，會不自覺地看向天空。如果在生活中也能養成眺望天空的習慣，就能更快速地轉換情緒。

眺望天空會讓心情開闊，讓人更容易接受「現在所發生的事」，以及「自己應該做的事」，當然也更容易找回自我。

養成每天沐浴在陽光下，及呼吸新鮮空氣的習慣吧！

061

在心裡進行實況報導和專訪，激發動力

當自我肯定感開始大幅減少時，很容易因為一些小事責備自己，陷入自我否定。這種時候，希望大家可以嘗試「在心裡進行實況報導和個人專訪」。這能幫助我們快速客觀地掌握自己的情緒，同時確立自我，保持高度的自我肯定感。

一旦感覺情緒陷入低潮，就模仿現場比賽的轉播，在心裡即時報導自己的情況吧！比如說：「○先生因為沒有提出讓客戶滿意的企劃案，目前感到非常懊惱，整個人陷入悔恨、難過、不甘心的情緒當中。他覺得自己已經盡力做好準備了，還是後悔沒有請資深同事給予更多協助。現在，他正在用Mail向主管報告結果，心情十分沉重。他好像打算先出去買杯咖啡，幫助平復心情！」

實況報導的記者，其說話語氣通常較激昂，一定要盡力模擬那種感覺，才能迅速地激發自己的動力。

當大腦又開始自我貶低、想要轉換情緒，或是一大早提不起幹勁時，都可以用這個方式激勵自己。

在一天的工作結束後，對自己進行個人專訪。在早上通勤的空檔時，可以想像自己站在台上接受專訪的場面，事先決定好今天的訪問主題，像是「您今天也非常活躍呢！請問當中最困難的部分是什麼呢」、「最後，請跟支持您的粉絲說一句話」等等。

然後，等到當天工作結束，就立刻在心裡對自己進行專訪。聽起來像是在惡搞，但是，這個動作能夠幫助我們更客觀地看待自己。

過於忙碌的日子，完全沒有享樂及休養身心的時刻，可能會讓人陷入「自己到底是為了什麼工作」的徒勞及虛無。虛擬的個人專訪能讓自己更積極地看待難關及困境，有機會請一定要試試。

用主播或記者的角度，也採訪自己吧！

062

練習「放下重擔」，解放壓力

想維持高自我肯定感的狀態，需要和不斷出現的各種壓力和平共處。這裡首要推薦的訓練有三種。

第一種是❶放下重擔的意象訓練。這和正向暗示（Affirmation）相同，都是對潛意識進行影響，在無意識中放下困住自己的思考模式。

首先閉上眼睛，想像自己「穿著沉重的盔甲，扛著非常多的重物」。確實浮現出影像之後，再想像自己脫掉身上沉重的盔甲，將重物一個個放下來，感覺身體變得越來越輕盈。

進行這個訓練時，先不要思考具體的煩惱或困擾。**重點是將所有的注意力放在身體的感覺上，如同每天都要進行的刷牙或上廁所般，平淡地完成即可**。可以在睡前進行，然後直接入睡，也可以在外出和移動的空檔進行，一天進行幾次都無妨。

如果鬱悶到「想拋下一切」時，可以想像自己❷脫光衣物渾身赤裸，卸光臉上的妝容，沐浴在溫暖的水花裡。這和放下重擔的訓練類似，可以在潛意識裡消除自己的壓力。

每當心情陷入低潮、充滿罪惡感，內心全是黑暗憂鬱的情緒時，可以進行❸太陽的意象訓練。接下來請大家閱讀下列的文章，想像該情景。

「現在，有一道溫暖柔和的光照在你的頭上，你全身都沐浴在那道光裡。全心地感覺那道光的溫度及感觸吧！過了一會兒，那道光輕盈地融入你的身體，慢慢吸走了體內所有的汙穢，然後隨著你的吐氣排出。你的每次呼吸都將帶走內心及體內的髒汙，讓身心變得越來越潔淨。」

透過這樣的訓練，能養成讓壓力隨時歸零的習慣，更容易在第二天迎接充滿元氣的早晨，請大家一定要試試。

透過三種意象訓練，讓壓力歸零。

063

寫下「不想做的事」，消除負面情緒

即使已經確立了自我，還是會遇到不知如何表達自己的想法，只能獨自吞下委屈的時候。如果覺得陷入以「他人」為中心的狀態，就嘗試列出「不想做的事」吧！

頁一四八曾經提過，想要維持高自我肯定感的狀態，需要與壓力和平共處。不過，懂得釋放情緒，將積壓已久的鬱氣或厭惡全部發洩出來，同樣能有效找回自我，確立以自己為中心的人生。

這裡要介紹的是，使用便條紙或筆記本的練習。

首先準備很多張紙，每張紙單獨寫下一項「不想做的事」、「擔心的事」或「感到不安的事」。例如打掃房間、準備晚飯、聽同事抱怨、整理冰箱、調整會議時間、應付客訴、參加下週的尾牙、寫賀年卡等，從工作到私事都可以，數量不限，想寫幾項都無妨。

接著，再一一審視這些紙，從中選出「可以不做的事」，將它們揉成一團丟到垃圾桶。最後，將沒有丟掉的紙張全部揉成一團，一起扔掉。

若可以，最好選在心情最放鬆的週末進行這個練習，將自己心裡的不滿或厭惡「可視化」，然後全部丟到垃圾桶，消除內心的負面情緒及壓力。

剛開始可能感覺不到太大的效果，但是，等到幾十個煩惱一一被丟到垃圾桶，就會覺得內心得到解放，心情變得越來越明朗。到最後，很多人甚至覺得「開心到三十張紙根本不夠用，又追加了很多」，所以請大家一定要試試看。

在職場遇到不開心的事，感到煩悶焦躁時，可以立刻寫在紙上，再撕碎後丟到垃圾桶，即時安撫內心的情緒。

寫下腦中各種讓人混亂及不安的煩惱，能有效整理思緒。**一旦清楚哪些是「不想做的事」，就更容易發現自己「真正想做的事」，幫助找回自我。**

將討厭或煩惱的事寫下來，丟到垃圾桶吧！

064

大聲說早安，度過積極的一天

如果感覺自我肯定感不足時，有一個方法可以簡單找回元氣．那就是「大聲說話」。

試著對家人、同事或客戶，用比平常稍微大聲的聲音打招呼吧！那會讓自己的心情變得更積極，大幅提升動力。

不習慣打招呼的人，剛開始大聲跟別人道「早安」時，一定需要不小的勇氣，周圍的人想必也會十分吃驚。但是，一旦成功過一次，就會知道那種感覺有多爽快，請一定要試試。

如果是職場，除了大聲打招呼，還可以加上「用主角的心情閃亮登場」的想像。從進入公司大樓，穿過走廊到辦公室，再進門到自己的座位，請想像自己是主角或明星，正從後台走向舞台現場，整段路程還有攝影機在拍攝。

把自己當成商場大亨、閃亮的美女ＯＬ或任何喜歡的身分，透過讓自己興奮的角色，開始美好的一天吧！

早晨原本就是最有元氣的時刻。人們剛從睡眠中醒來，身心的疲憊都獲得釋放，用「今天也要好好努力」、「好期待今天的挑戰」等心情，開始新的一天，是最理想的狀態。充滿朝氣的早晨，能讓之後的一天都變得美好充實。

但是，長年從事心理諮商的工作，我發現「早晨」對越來越多人來說，逐漸變成一天當中最痛苦的時刻。

早晨的情緒會受到包括前一天在內的經歷所影響，但是，如果懂得採取正確的行動，絕對能幫助我們調整內心、改變情緒，變得更積極及放鬆。

刻意地大聲說「早安」，用主角的心情開始一整天的工作，這個看似簡單的動作，卻能獲得良好的成果。

用主角的心情大聲地打招呼，開始美好的一天吧！

065

養成「稱讚自己」的習慣，遠離自我厭惡

養成「稱讚自己」的習慣，也能有效確立自我。它不只能維持良好的自我肯定感，還能幫助我們建立以「自我」為中心的人生。

就算只是「早上準時起床」、「在公司開朗地跟大家打招呼」或「找到好的停車位」等小事，也要不遺餘力地稱讚自己。越是容易察覺的小事，越容易養成習慣。

除了身邊發生的事，像「今天幫孩子做了好吃的便當」、「今天努力完成了家事」或「聽新人說了一大堆抱怨的話」等為了別人做的事，同樣也能好好稱讚一番。

手機中的備忘錄功能，對養成習慣稱讚自己，也很有效果。事先決定好一個時間，例如「下班回家的路上」、「吃飽飯在沙發上放鬆時」、「上床準備就寢之前」，讓自己回想當天「值得稱讚的地方」，然後記錄到手機裡。

剛開始只需要一天記錄五個左右就好，等到習慣之後，就會越來越欲罷不能。

即便我們覺得自己有上百個地方值得稱讚，也不會給任何人添麻煩，當我們一整天

都在忙著稱讚自己，就不會有時間去自我厭惡或討好他人。

越是認真努力或是高自我要求的人，可能對這件事越為抗拒，因為他們經常將自我認同的「標準」訂得非常高。

但是，認同自己根本不需要任何標準、理由及根據。

感到心力交瘁、無力稱讚自己的時候，可以試著對自己說十次：「我很厲害，我做得很好，我真的很努力了。」

很多人這時會感到體內湧出一股力量，心情也變得放鬆，身心出現明顯的良好變化。但是，如果沒有任何感覺也沒關係，不需要有壓力。

你對自己的所有稱讚，都會默默地影響潛意識，並提升自我肯定感，且在不知不覺中療癒疲憊的身心。

不需要理由，也不必是大事，好好地稱讚自己吧！

066

製作自我獎勵表，感受幸福

當自我肯定感開始減少時，會不自覺地以他人為優先，忘記自己也需要被珍惜。

首先，要確實了解會讓自己感到開心的事物。從日常生活中隨手能做的事裡，找出能讓自己開心快樂，一旦實現就會感到幸福的事，並詳細地記錄下來。每次想到新的就追加上去，數量是數十個或數百個都沒關係，為自己製作一張「自我獎勵表」。

例❶ 去百貨公司地下街買新上市的蛋糕。

例❷ 前往喜歡的酒吧，並和調酒師聊天。

例❸ 去書店買一本喜歡的新書。

例❹ 用有點高級的入浴劑泡澡。

然後，每天早上起床或午休時觀看這張表單，從中選出「今天的獎勵」，在當天的事告一段落或有空檔時，獎勵自己。若在下班後自我獎勵，便會充滿期待，工作起來也更有效率。

製作表單時，建議可以依方便實踐的頻率做分類，如下：

Ⓐ 每天都能進行（列出兩百至三百個左右）。
Ⓑ 約一週進行一次（列出一百個左右）。
Ⓒ 約一個月進行一次（列出三十至五十個左右）。

犒賞自己、讓自己開心的行為，本身就能提升自我肯定感。懂得犒賞自己，就能變得積極，同時感染身邊的人，讓職場及人際關係變得更加順暢。

製作「自我獎勵表」，給自己應得的獎賞吧！

067

訂定寵愛自己的日子，學會放鬆

以他人為中心的個性，通常都既認真又充滿責任感，覺得體貼及照顧他人是應該的。如果你是這樣的人，會很難察覺自己已經非常疲憊，因此需要有意識地讓自己放鬆或是偷懶，這很重要。

每週挪出一天作為徹底寵愛自己的日子，然後休息一下吧！

例① 提早下班，做自己喜歡的事。

例② 找一家好吃的餐廳犒賞自己。

例③ 偶爾穿得舒服一點去公司。

例④ 不加班，有事明天做。

例⑤ 不雞婆去分擔別人的工作。

例⑥ 提早十分鐘午休。

只有這一天不必在乎別人的想法，不管是工作或私下，都以寵愛自己為第一目標。因為平時已非常努力，只是在這天稍微放鬆，並不會影響自己在他人心中的評價。**請記得：「信任並寵愛自己，是找回自我的必要事項。」確實執行過後，會發現明顯的變化。**

最常見的變化就是「視野變寬廣了，看待人事物也變得更清晰」。過於察言觀色、體貼討好的人，經常會看不清他人的優點或想法。但是，只要將重心放回自己，退一步觀察四周，就會得到新的收穫。

同時也會發現，自己必須努力、不能給別人添麻煩、不能太出風頭、害怕被人討厭等等的不安或恐懼，很可能只是自己想太多了。

學會適時放鬆，能讓心情更有餘裕，並且喜歡上「能適時調節心情」的自己，當然就能提升自我肯定感。

每週挪出一天作為「寵愛自己的日子」吧！

068

多愛自己一些，練習說出想要的東西

想要維持自我肯定感，有一個很好的方法，就是堅持說出「自己想要的東西」。

但是，自我肯定感較低的人，已經習慣以他人為中心，不擅長直接說出自己想要或想做的事。他們堅信「說出自己想要的東西會給別人添麻煩」，因此，很容易變成缺乏自我、無欲無求的人。

這類看似「無欲無求」的人，在他人眼中不一定有好的評價，周圍的人會覺得他們「不知道在想什麼」、「感覺很難取悅」。

若你是這樣的人，建議可以在鏡子前演練。站在鏡子前，大聲說出「我想要○○」、「我想做○○」，在化妝、洗澡、刷牙、吹頭髮等空檔進行，每天練習一分鐘就好。

上述句子內的○○，可以是物品、金錢、桃花或是旅行等，換成什麼都可以。每天堅持這樣做，就能明確知道自己所喜歡的事物，也能自然地對他人說出口。

對著鏡子反覆練習，會產生「人生掌握在自己手中」的感覺，提升自我肯定感，並強化「自我」。

即使當下沒有想要或想做的事，也不需要自責，只要習慣對著鏡子思考，感覺就會變得更敏銳，很快就會想起「對了，我不是一直想去在電視劇裡看到的那家餐廳嗎？」或是「好想要之前那個明星身上的同款」等等的願望。

長時間打電腦或上網的人，可以將自己想要及想做的事，寫在部落格或社交媒體上，並設成只有自己能看到的私密貼文。試著將未來想實現的夢想，甚至是愛的告白，全部寫下來。

練習表達自己內心的想法，以提高自我肯定感吧！

每天對著鏡子練習，宣告「想要」及「想做」的事。

069

說話使用「我」當主詞，強化存在感

在日常生活中關注自我，可以有效維持自我肯定感。

簡單來說，就是用「我」為主詞來進行對話。

習慣不用「我」來進行對話的人，很容易在無意識中以他人為中心。他們過於在乎他人的想法，會不自覺地選擇「責任歸屬不明」的方式來說話。

有些人習慣用「他人」為主詞的方式說話，例如：「那個人會怎麼想」、「他的要求很高」等等，習慣從身邊其他人的角度去進行思考，不自覺地將自己放到主從關係當中的「從」，也因此經常受到他人的影響。

此外，也有些人常混淆自己與他人的界線，明明是別人的事，卻彷彿自己才是主角。例如，你聽到有人煩惱地說：「上週去醫院做檢查之後就一直很擔心……。」你認真地給予關心，他卻回答：「不是我啦，是我媽媽。」

為了避免這種狀況，平常就要養成以「我」為主詞，來進行對話的習慣。比如說，當別人約自己「要不要去喝一杯」，不要只說「今天可能不行」，而要完整地回答「『我』今天可能不行」，或者是「『我』今天會努力簡報，讓客戶刮目相看」。

就算是自言自語或是在心裡說悄悄話，也盡量以「我」當主詞。例如，「『我』好想見他」、「今天的晚飯『我』想吃魚」等。

回想當天的行動時，最好也能全部加上「我」，比如「唉，『我』今天沒搭上捷運，不過中午在超商買到『我』喜歡的便當，下午進行簡報時，『我』也覺得自己表現得還不錯」。

有意識地使用主語，能夠確立與他人的界線，讓內心的期待、願望及目標變得更明確，進而強化自我。

就算是自言自語，也要加上「我」這個主語。

070

隨時「指向目標」，就不會隨波逐流

這是我稱為「指向目標」的方法，是一種能有效強化自我的習慣。也就是每當自己要採取某個行動時，就模仿捷運駕駛或列車長的行進指揮，即伸出手指向目標，以此確認自己的想法。

例如，去超商的飲料區時，伸手指向罐裝咖啡，跟自己確認「我想喝咖啡」，再拿到櫃檯結帳；吃午餐時，伸手指向餐廳的菜單，確認「我今天要點A餐」，再跟店家點菜；晚上看電視時，先伸手指向電視，確認「我現在要看〇〇主演的劇」，再轉到想看的那一台。

如果害怕他人目光，可以只在心裡說就好，如果在家中，一定要學列車長般，伸手指向目標。

這個動作看起來簡單，其實做起來很累，如果沒有時常注意，很容易就會忘記。由此可知，我們平日的行動都是出於慣性或隨波逐流，態度就是「隨便」、「都可以」。

一旦開始每件事都確認，心裡就會浮現疑問。以前文的狀況為例，在伸手指向咖啡時，可能會突然懷疑「嗯？我現在真的想喝咖啡嗎……」或者發現「我是因為別人都點A餐，才跟著點A餐」。雖然不斷跟自己做確認，會讓人感到筋疲力盡。但是，確立自我就是如此困難的一件事。

或許有人覺得「吃喝這種小事，沒有自己的想法也無所謂吧」？但是，當這種態度變成習慣，之後就會不敢拒絕不想去的聚餐，或容易接下自己不感興趣的工作。

若你是「總是隨波逐流」、「容易受人影響，經常處在不安中」的人，一定要嘗試這個「指向目標」的方法。一旦明白自己的目標和想法，就能確立專屬於自己的人生。

每次行動都加以確認，明白自己的想法。

071

養成跟自己對話的習慣，強化活在「當下」的感覺

養成跟自己對話的習慣，也能有效確立自我。

「經常受到他人影響」、「沒有自我」，總是以他人為中心的人，不只容易受到周遭影響，也容易讓時間白白流逝。

把時間花在自己身上，內心會感到充實及滿足；花在別人身上，滿足的只有他人，當夜色降臨，就會陷入「今日到底為何而忙」的空虛，失去自己的人生及活著的實感。

為了避免這種窘境，需要「關注當下」。

人類是活在「當下」的生物。**因此，不要把心力花在無法改變的過去、不能預測的未來，以及難以理解的他人想法上，轉而經常確認「現在的自己」，嘗試與自我對話。**

「我現在有什麼想做的事？」
「這幾天太忙了，可能需要休息。」
「那麼，等資料整理告一段落，就去咖啡廳喝杯拿鐵吧！」
「了解！」

就像這樣跟自己對話，從客觀的角度去觀察自己，才能脫離過於在意他人眼光、自我意識過剩的狀態。

只不過，忙亂的日常生活讓人很難「關注當下」。因此，建議大家將「我現在想做什麼？」或「我活在當下嗎？」等問題，貼在自己能看到的地方。例如：手機螢幕、冰箱門、臥室門、手帳封面、錢包內側等，透過這些地方，時時提醒自己。

待自己因為這個習慣，對「當下」及「自我」有更清楚的認知後，就能擁有更堅固且不可動搖的自我核心。

記得定時詢問自己：「現在想做什麼？」

072

每天寫「好事日記」，提高幸福感

從以前開始，日記就一直是幫助人們面對自己的優秀工具。

想維持自我肯定感，就來撰寫「好事日記」吧！規則很簡單，只要將自己覺得美好、快樂、開心、感動或幸福等正面的事情，全部記錄下來就好，什麼事都可以。例如：「早上搭車時有座位」、「員工餐廳的今日特餐是自己喜歡的菜色」、「摸到超可愛的狗」或「喜歡的人傳訊息給自己」等，無論大小事都記錄下來。

為了養成習慣，可以事先決定好每天記錄的時間，例如「搭車回家的途中」或「洗完澡之後」。總之，就是帶著輕鬆的心情，想到什麼就記錄下來。

如果你很容易忘記小事，最好在遇到開心的事時，立刻打開手機備忘錄或行事曆，以便記錄。此外，最近也有許多電子日記的ＡＰＰ，可以選一個來記錄。

養成撰寫「好事日記」的習慣之後，會更容易發現能讓自己開心及快樂的事。當我們習慣關注生活中所有美好的事物，人生的幸福感也會大幅提升。

如果能在各種美好的記錄中，再加上稱讚自己的話，更能有效提升自我肯定感。

當自我肯定感處於較低的狀態時，人會無意識地將注意力放在自己的缺點，或是生活中所發生的壞事上，好事日記能改變「潛意識中所關注的重點」，擺脫負面思考的狀態。

首先，請堅持撰寫一個月的日記。你會發現自己變得比以前快樂，自我肯定感跟著提高了。

把每天發生的好事，都記錄下來吧！

073

練習寫感謝信，從罪惡感中解放

自我肯定感就是能接納、認同原本的自己，也是全然肯定自己的狀態。但是，當罪惡感出現時，卻會嚴重妨礙人們獲得這種感覺。

我認為，最能有效治癒罪惡感的就是「感謝」，那是一種完全相反的情感。所有的「謝謝」都不存在任何的否定，開口向對方說「謝謝」，代表自己接受了對方的善意，也清楚地讓自己明白「我是如何被愛著」，進而變得越來越幸福。

因此，本篇要介紹的就是「寫感謝信」。為每一個出現在自己生命裡、留存在記憶中的人，寫一封感謝信。可以是幾張便條紙，也可以是寥寥幾行；可以寫給親友、伴侶或家族，也可以重複寫給同一個人。當然也可以寫給藝人及偶像，或是任何在自己情緒最低潮時，成為心靈支柱的人。

不需要想太多，腦中浮現誰就寫給誰。如果可以，請每天寫一封，持續一個月左右。

如果不喜歡手寫，可以使用Mail或社交軟體，最快大約三天就會感覺到效果了。這些信不需要讓對方知道，但如果能寄給對方，那就更好了。光是寫信就會讓心裡充滿輕鬆、溫暖的幸福感，若是真的將信寄出去，還有機會獲得對方美好的回應，讓身邊圍繞著感恩之意。

感謝的能量能淨化罪惡感和無力感，療癒內心的孤獨，讓自己產生「身為我真好」的實感，有人甚至因此對自己寫下感謝信。

長期活在否定中的人，能透過感謝體會「被肯定」的感覺，明白自己有獲得愛的價值，進而改變和他人的相處方式。

一旦人際關係變好，自我肯定感自然就會提高。

給浮現在腦海中的人，寫封感謝信吧！

074

不管表現如何，都要接納「這就是我」

想讓自我肯定感維持在良好狀態，需同時接納自己的優缺點。如何才能同時接納兩方的自己？關鍵在於抱持「這就是我」及「這也是我」的態度。

在日常生活中發現自己的優點時，告訴自己「這就是我」，例如工作順利、受到讚賞或獲得成果時，馬上在心裡肯定「這就是我」。相反地，看到自己惡劣、令人討厭的部分，也要在心裡跟自己說「這也是我」。

不管是犯錯或是受到責備，都要安慰自己「沒辦法，這也是我」。用「這也是我」的方式包容自己，可有效消除自我否定的習慣。

舉個具體的例子來說。某人向客戶做簡報，他準備了詳盡的資料，最後也順利完成了報告。沒想到，客戶最後問了一個出乎意料的問題，讓他腦袋一片空白，只能狼狽地回答「這件事之後再跟您報告」。回程中，他整個人陷入低潮，不斷自責

「為什麼沒想到」及「又給主管和同事添麻煩了」。

想保持高自我肯定感，需要懂得認同自己的成功及努力，給予「這就是我」的肯定。以上述的狀況為例，這個人順利地完成簡報，不但準備充分，面對提問也沒有敷衍，明確地表示日後會給予答覆，對於自己獲得的成果也不自滿，這些都是值得肯定的部分。

但同時，他也要學會接納自己發生的不順，對於無法馬上答覆的自己，要認同「這也是我」。

如果不管怎樣都無法釋懷，那就試著接納這樣的自己吧！告訴自己「這也是我啊，為什麼無法接受呢？」或「就是啊，那也是我啊！」

就像這樣，原原本本地接納有好有壞的自己，自然就能保持良好的自我肯定感。

好的是「我」，壞的也是「我」，全都要給予肯定。

075

稱讚自己「很可愛」，有去除霉運的效果

不管再怎麼守護自己的心靈，還是會遇到倒楣事。這時有一句萬用咒語，就是「因為我太可愛了」。

請大家想像下列的狀況：「都快來不及了，還是沒趕上捷運」、「去餐廳吃飯，只有自己的餐點一直沒來」、「加班到很晚，還被鎖在公司裡，費了很大的工夫才離開」。這種時候，自我肯定感較低的人一定會覺得自己「運氣不好」、「總是被人忽視」或「不受歡迎」，因此情緒低落。即使心情不到沮喪的程度，還是會感覺有點倒楣或是帶衰，甚至心生不滿，影響整天的心情。

這時，不管怎樣都要找個理由。

「沒辦法，因為我太可愛了。」

「今天真倒楣，算了，因為我太可愛了。」

「因為我太可愛了，廚師才會花那麼多時間做我的菜。」

「因為我太可愛了，連公司都不想讓我回家，好煩哦！」

理由再天馬行空都無所謂。此外，這個規則還能應用在各方面。

「今天什麼都不想做……大概是因為我太可愛了。」

「總是存不了錢……算了，因為我太可愛了。」

大家可能會忍不住笑出來，沒關係。笑容是最好的療癒良藥，經常大笑能放鬆表情，同時讓內心恢復元氣。

每次看到鏡子，請直接在心裡稱讚自己「真是太可愛了」或「今天也好帥」，最好能養成習慣。**缺乏自我肯定感的人，每次看到鏡子都會反射性地尋找自己的缺點，這個練習可以有效消除負面的自我暗示。**

盡可能地寵溺自己，不再為小事沮喪，養成習慣之後，不但能提高自我肯定感，生活也會變得輕鬆快樂。

遇到倒楣事，都是「因為我太可愛了」。

076

列出待辦事項，控制工作分量

自我肯定感偏低的人，很難拒絕他人的委託或請求，無論在公司或私底下都經常承接過多的工作。他們之所以接下超過負荷的責任，是因為周圍的人不知道他們正處於困境中。他們從不抱怨，也不會拒絕新的工作委託，因此旁人都認為他們「遊刃有餘」、「能力很強」。

這裡推薦一個方法，那就是將自己的工作量「可視化」。

以家事為例，可以每天早上在冰箱或客廳的白板上寫下整天的待辦清單，每完成一項就用筆劃掉。像是「倒垃圾」、「做便當」、「清洗流理台水槽」、「檢查孩子的功課」、「去超市買東西」等，把當天想做的事全部列出來。

如果是職場，可以在電腦螢幕邊緣或桌面貼上便條紙或備忘錄，每結束一個工作就丟掉一張。看到任務依序被完成，也會獲得很棒的成就感和充實感。

近來，許多公司會在雲端或線上共享小組的工作任務，這樣的模式可以明確自己與其他人的工作量，建議多活用。

列出工作任務，能更客觀地掌握自己的承擔能力，確立「超過這個限度就不行」的界線，一旦有人請託不可能的任務，也能毫不愧疚地說不。

對外公開並「可視化」自己的工作，能讓人知道「我已經有這麼多工作，無法再承接更多」，拒絕時有更明確的證據，對方也更容易接受。即使無法拒絕，也能藉此要求調整交件日期，例如「如果是下週就可以」，或者請求公司提供人力上的協助，而非自己承擔。

一旦不需要擔心隨時可能出現的額外任務，就能集中心力完成眼前的工作。當自己不再受到周圍影響，可掌控自己的工作量後，就會越來越有自信，保持穩定的自我肯定感。

列出待辦的工作事項，讓周遭的人都能看見。

077

語帶開朗地說明困境，別獨自承受

養成用積極的話語表達情緒，也是維持自我肯定感的方法。

自我肯定感較低的人，對周圍的反應很敏感，也擅長察言觀色，經常被迫接下困難的案子或是不合理的工作，導致累積很多壓力。直到最後再也受不了，直接情緒爆發，嚇到周圍的人。

像是突然大吼：「我都這麼努力了，你還想要怎樣！」及「我也很辛苦啊，又不是只有你！」等等，或是開口不停抱怨，不然就是崩潰大哭，讓現場一片混亂。

雖然長久積壓的情緒能夠發洩出來是件好事，但這種方式會造成人際關係的裂痕，更重要的是，自己一定會感到後悔。

只要感覺「不合理」或「情緒沒受到重視」，就要在最壞的事態發生之前，盡可能表達自己的想法。重點是，一定要用開朗及正面的方式表達。

具體來說，就是說出「我很厲害吧」、「真的超辛苦的」、「看我這麼拚，快稱讚我」等。只要面帶笑容、語氣開朗，就不會給人沉重的印象。

如果無論如何都說不出口，那就先學著在心裡對自己說話吧！反覆地告訴自己「我真的很努力了，對吧！」等到習慣後，說不定哪天就能自然地脫口而出。

請大家記得：自己的心情不說出來，不會有人知道；說出來之後，情緒也會跟著放鬆，更容易保有自我。

溝通是一種需要學習的技術，即使剛開始不順利也不必沮喪。自我肯定感較低的人雖然善於察覺別人的情緒，但在表達自我情緒方面卻不及格。第一次成功表達自己的想法時，一定要鼓掌稱讚自己「做得好」！

不要獨自承受壓力，積極開朗地表達當下的心情吧！

078 試著「不要太為他人著想」，練習拒絕

習慣察言觀色的人，如果不想讓自我肯定感受到影響，就需要經常提醒自己「不要太為他人著想」。

自我肯定感較低、總是以他人為優先的人，太習慣在生活中「扮演好人」，他們早就視為理所當然，所以不會發現這是「問題」。因此，導致生活累積不少壓力，進而對人際關係感到疲累，最後產生「厭煩」、「不想再跟人有交集」的負面情緒。

想要改變這種狀態、同時確立自我，就要不斷反覆地跟自己強調「不要太為他人著想」。這也是正向暗示的一種，可以直接對潛意識產生影響。這並不是要我們「刻意去做讓別人困擾的事」，因此不用擔心。

反覆提醒自己「不要太為他人著想」，心態會漸漸受到影響，改變自己跟旁人相處的方式。由於本來的個性就是太過溫柔及在乎他人，這樣平衡之後就會變得剛好。

這裡介紹一個實際的例子。這位女性因為太過體恤他人，經常讓自己陷入困

境，為了優先照顧自己，她採用了這個方法，反覆在心裡提醒自己「不要太為他人著想」。

某天，公司想把一件非常困難的工作交給她，如果是之前，她可能二話不說就接下來，勉強自己努力完成。但這一次，她明確地表達了拒絕之意，表示自己「做不到」，對方也很乾脆地放棄了。她才知道，「原來拒絕了也沒關係」，從此內心變得非常自在輕鬆。

經常提醒自己，「不要太為他人著想」。

079

懂得「請求」或「依賴」他人，人生更輕鬆

讓自己養成「請求」、「委託」、「依賴」的習慣，對於維持自我肯定感來說非常必要。

當某件事「一個人能完成，但與人合作更有效率」，就不要獨自承擔，將別人可以做的事分擔出去，思考對方可以扮演的角色，為自己提供協助。

頁七三的內容曾經提到，最理想的人際關係其實是「相互依存」。自我肯定感高的人，能自然地與他人建立「彼此依賴」的關係；反過來也一樣，在需要的時候依賴別人，能讓人際關係變輕鬆，讓自我肯定感維持在良好的狀態。

只是，過於在意他人想法的人，通常都不擅長「請求」、「委託」和「依賴」。特別是覺得「請求幫忙會給人添麻煩」、「自己做比較快」的人更需要注意，小心最後陷入孤立無援的狀態。

習慣照顧別人、從不向外求助的人，經常給人「絕對沒問題」、「工作能力強

大」的感覺，雖然深受他人信賴，但也讓人覺得不好接近。**一個人給別人的感覺越「強大」，旁人就會越覺得「自己沒有能力幫助他」，進而難以建立相互幫助的關係。**一旦這個人陷入困境、失去餘裕，旁人越認定「這個人絕對沒問題」，越會讓他感到「自己的付出沒有回報」。

因此，養成「請求」、「委託」、「依賴」的習慣很重要。

向他人「請求」、「委託」、「依賴」，絕對不是一件負面的事。「依賴」能讓對方產生自信，察覺到自我存在價值，並理解到自己對他人及世界是有幫助的。

如果依賴的對象是後輩或下屬，這件事還能幫助他們成長，透過互相幫助、彼此依賴的過程，能拉近雙方內心的距離，讓職場的氣氛更為和樂。

懂得「適當地依賴他人」，就能建立「彼此依賴」的關係。「請求」、「委託」、「依賴」，是培養人際關係的有效法則。

可以拜託別人的事，不要一個人承擔，適當地依賴別人吧！

080

練習一個人去居酒屋，增強「我」的存在感

能否保有自我，並與他人建立相互依存狀態，其中一個指標就是能否「一個人去居酒屋或酒吧」。

如果擔心「別人會怎麼想？」進而無法自得其樂，就代表自己過於在乎他人的眼光，很可能正處在以「他人」為中心的狀態。

的確，獨自一人造訪全是熟客的店裡，剛開始會顯得很突兀。但是，只要跨過了最初的第一步，慢慢融入其中，之後就能好好品嘗美食、享受現場的氣氛。不在意他人視線，自在地沉浸在自己的世界裡，偶爾旁聽或加入店主與其他客人的對話，等彼此熟悉起來，新的世界就會逐漸打開，同時獲得更多自信。

況且，雖說是獨自前往，但居酒屋或酒吧不可能「沒有他人」，會有店家或其他客人，自己頂多算是「群體當中的一個」。從這個角度來說，即使一個人前往，也還是會接觸到其他人，與在自己房間裡獨酌的情況完全不同。

「處在群體當中卻能保有自己」的狀態，就是足以自立，又能跟周遭的人保持適當距離及良好溝通，是最理想的相互依存狀態。

居酒屋及酒吧可說是練習這種狀態的最佳場所。不喜歡喝酒及酒場氛圍的人，可以試著挑戰更時髦的高級餐廳、咖啡廳或精品店。依自己的步調悠閒地用餐、讀書或挑選衣服，心血來潮時跟店員聊聊天。如此一來，不但能讓自己更成熟，也能增加自信心。

基本上，只要是能夠獨自前往，又能與他人建立連結的地方，都適合用來測試自己是否處在「以自我為中心」的狀態。

在那樣的場合裡不迷失自我，同時保有自己的步調，一定能強化自我，提升自我肯定感。除了公司及自家之外，為自己保有另一個能安心的場所，對於減輕壓力、維持良好心態來說，也很有幫助。

練習獨自前往居酒屋或酒吧，享受個人時光。

081 透過交換日記，多稱讚另一半

「希望共同育兒時，也能保有自我」、「想提升孩子的自我肯定感」，如果你抱著這樣的想法，跟伴侶進行交換日記是不錯的方法。

在日記裡寫下感謝彼此的事或對方的優點、自己喜歡的部分，再交給伴侶，對方看過後再同樣這麼做……至少持續一段時間。這是屬於夫妻之間的日記，不需要給孩子看。

例如「今天的漢堡排很好吃」、「你早上特意送我出門」、「你幫我買了我忘記購入的食材」等看似平常但自己很高興的事，全都可以寫在日記裡。

當中或許有人會出現「不好意思這麼做」、「自己有興趣但伴侶不配合」、「持續寫日記很困難」等狀況。**這時，可以換成每隔兩天，互相稱讚對方兩分鐘的練習。**

手機設置兩分鐘倒數，準備好之後，從妻子先開始。像是為家庭辛苦工作、努力照顧孩子、個性風趣、晚飯隨便做也沒怨言等，想到什麼就說什麼。妻子結束之

後，接下來換丈夫。像是對孩子盡心盡力、工作家事都很努力、再忙也總是維持整潔等。

每個人可能不一樣，不過一般來說，男性比女性更不擅長稱讚別人。因此，最好可以由女性先開始，當男方受到稱讚，自然會湧出「自己也要稱讚回去」的想法。剛開始，有人可能一句話都說不出來，這時不需加以催促，只要想著「對方可能是在思考要從哪裡開始稱讚」，默默守護對方就好。

當夫妻之間建立起正面的溝通管道，會強化家人間的羈絆，孩子們也會感受到改變。當父母的自我肯定感提高了，孩子自然也會變得有自信，懂得肯定自己。

不要害羞，建立夫妻間相互稱讚的管道吧！

082

了解組成家庭的五種角色，幫助理解家人

加深家人之間的羈絆，能有效提高父母與孩子的自我肯定感。如同公司經營，責任分擔明確的組織，運行起來才會更順利。下列為大家介紹組成家庭的五種角色。

❶ **英雄** 家庭裡發號施令的領袖，有時會因為衝動、固執己見而造成對立。

❷ **烈士** 支持家族、類似母親的溫柔角色，深受其他成員的信任及依賴，經常過度犧牲及忍耐。

❸ **隱形人** 總是站在外圍冷靜觀察，故能及早發現問題。不加入家族圈子，經常顯得格格不入。有時因為太過冷靜，讓人覺得深不可測。

❹ **代罪羔羊** 家裡的問題人物、麻煩製造者，在外常惹事生非，卻經常是促使家族察覺自身問題的關鍵。

❺ **開心果** 家裡的團寵，最受家族成員喜愛，但沒有人會認真看待他的想法。

由於總是被當成小孩子，導致缺乏自信。

當孩子是「代罪羔羊」，總是惹出許多麻煩時，有可能隱藏著父母感情不和的問題。孩子只是將問題突顯出來的存在。

當母親為了孩子的問題而情緒失控，很可能是身為「英雄」的她，正在拚命拖著家族前進；父親看似對家庭漠不關心，但身為「隱形人」的他，偶爾會一針見血地提出正確意見。

有時，一個人可能身兼數個角色。**當每個成員都能好好發揮自己在家庭中的角色，組織就會運行良好，從這個角度思考，或許就會改變對彼此原本的看法。**

如果經常煩惱家庭關係，請一定要參考本篇的建議。

了解組成家庭的五種角色，並努力活用。

083

學習表達愛意，加深家人間的羈絆

前文提及，加深家人之間的羈絆，是維持自我肯定感的重要關鍵。想做到這一點，適時表達愛意就不可或缺。

雖說日本人非常不擅長表達愛意，但是，大家平常仍然會使用各種方式，表達自己的愛。接下來介紹八個代表性的行為。

❶用話語表達愛
❷肢體接觸
❸賺錢、做家事
❹為家人奉獻
❺跟隨並支持對方
❻擔心
❼守護

❽ 陪伴

提到愛意表現，大部分的人都只會聯想到❶或❷，但是，大多數父母所做的❸、❻或❽等，也是非常重要的愛意表現。

當家人之間過於緊密時，有時反而難以表達愛意。這時就需要仔細思考「自己是用什麼方式表達愛意」、「伴侶又是用什麼方式表達愛意」、「孩子們呢」等。

即使該行為不是接受方所期待的形式，也是對方努力做出來的愛意表現。例如，父親對孩子說：「媽媽雖然看起來生氣了，但是她每天為我們做飯、陪你寫功課，這些都是愛我們的表現。」

了解不同形式的愛意表現，必定能加深家人間的羈絆，對於保持家族成員的自我肯定感來說，也非常重要。

了解家人為了表達愛意所做的行為。

第4章 總整理

遇到困境時

日常的努力

最強的口頭禪

工作與人際關係

家人間的羈絆

第5章

人生是你的！先是自己，才是他人

084 只要敢說「不」，就能創造新的人際關係

最後一章，則討論以「自我肯定感」為基礎的生活方式。

當自我肯定感提高之後，產生的其中一個變化就是「敢對別人說不」，進而大幅地改變人際關係。

當缺少自我肯定感時，容易受到他人的心情或態度影響，不能確實劃分自己與他人的界線。只要有人拜託就無法拒絕，就算犧牲自己也會勉強完成。

一旦確立了自我，提高了自我肯定感，就不會再在意「別人怎麼想」，而會更重視「自己想怎麼做」，當事情違反自己的意願，也會有勇氣向對方說不。

由於自己與對方有了明確的界線，彼此處在適當的距離，自然能更清楚表達自己的想法。

知道自己「有權利說不」，能讓人日益察覺自己想做的事與自我價值，同時發現自己受到身邊許多人的幫助，並能後退一步綜觀全局。這會改變周遭對自己的評

價，有機會在組織內獲得與過去完全不同的職責。

在工作或私人的問題上，即使是小事也不要獨自解決，試著依賴他人。**聽取不同人的意見並不丟臉，反而能獲得不同於個人視角的觀點，是非常好的習慣。請別人幫忙，是突破彼此心房的最佳方式。**

如果難以對身邊的人啟齒，可以利用各種諮詢專線或在社交媒體上貼文，只要願意出聲求救，一定會有人伸出援手。

積極地向身旁的人表明自己的困境，才能獲得最多的支援。建立越多互助互信的關係，就能打造可輕鬆說不的環境。這些強而有力的同伴，會讓人生閃閃發光。

建立能說「不」的人際關係。

085

給對方說「不」的權利，建立信賴感

當自己處在高自我肯定感的狀態時，不只自己有能力說不，也能毫不猶豫地給予對方說「不」的權利，讓彼此建立真正互信互助的良好關係。

但是，如果自我肯定感偏低，就會害怕別人拒絕自己的請求或提案，一旦發現期待可能落空，就會焦慮地想去控制對方。這種態度會讓對方覺得「自己沒有受到接納」，自然也無法對你產生信任。

建立信賴關係的基本關鍵，不是「說話」而是「傾聽」。不帶任何否定，耐心聽對方說完自己的想法及情況，會讓對方覺得「自己受到接納」、「有人能理解自己」，進而打開心房。

當自我肯定感提高、順利與他人建立相互依存的關係時，就不會去逼迫、論斷、控制、指揮、否定或挑剔對方，反而能夠鎮定地接受對方的反應，並給予明確的回答。

換句話說，就是一種能輕鬆傳接球的狀態，自己接下對方的球，再用對方容易接到的方式傳回去。**提出請求或建議時，讓對方有說「不」的權利，自己也要認真「傾聽」對方的想法。**

相互依存，其實是非常柔軟的關係。能夠自立卻不專斷獨行，和對方互相信任、互相給予。清楚知道自己「做得到／做不到」的事，願意尋找幫手協助自己處理「做不到的事」。

比如說，用「處理〇〇事時遇到了瓶頸，可以請你幫忙嗎？」的方式請求協助，被請託的一方也能發揮自己的能力，創造雙贏的關係。

給予對方說「不」的權利，會讓對方感覺「自己的意見受到重視」，是構築信賴關係的基礎。

傾聽對方的想法，接受對方說「不」。

086

發揮敏銳度，察覺對方的情緒變化

一旦自我肯定感提高，擁有以自我為中心的人生，「敏銳察覺周遭情緒的能力」就會變成最強的助力。

當人生以他人的想法為主，你的敏銳和體貼就會變成「義務」，成為疲憊及壓力的原因。

但是，擁有自我核心、回歸自我之後，就能確實面對自己的心情，所有的體貼會變為「給予」。能夠敏銳察覺到別人的情緒，代表有能力提供員工或顧客所期望的服務，或是創造人們喜歡的空間、系統或商品。

感知對方細微的情緒變化、感同身受地傾聽，是諮商心理師、教練或顧問等職業最不可或缺的能力。當自己的能力開始發光發熱，或許突然就會發現「自己真的很喜歡他人」。因此，請大家仔細思考以下的問題。

◉ **為什麼，我會這麼替別人著想？**
◉ **為什麼，我能馬上察覺現場的氣氛，克制自己的意願？**
◉ **為什麼，我願意在別人身上花費那麼多力氣？**
◉ **為什麼，我這麼擅長察覺別人的情緒？**

在過去自我肯定感偏低的時期，可能會回答「因為對自己沒有自信」、「因為害怕被討厭」。

但是，不想「被討厭」的這個想法，反過來說，就是自己喜歡他人的證據；之所以花費龐大的力氣，也是因為覺得「別人有讓自己花費這些力氣的價值」。「喜歡」是從內心深處自然湧現的情緒，誕生於比不安或罪惡感更強大的「愛」中。「我真的很喜歡他人」，請帶著這個想法，積極地發揮自己的敏銳度吧！

讓敏感和纖細成為有用的能力吧！

087

擁有「被討厭的勇氣」，練習肯定自己

將重心從他人轉移到自己的階段，很多人會失去至今的朋友，或是發生職場人際關係變尷尬等狀況。這是因為過去因你的迎合所構築起來的人際關係，在你停止迎合他人的那一刻，就不再存在了

「以對方為優先才能維持」的關係，在你開始表達自己的真實心情及想法之後，勢必會變得疏遠。在找回自己的過程中，所出現的變化越激烈，越容易造成人際關係的摩擦。有的人可能因此想換工作、想跟戀人分手、想建立全新的人際關係或是搬家。

但是，不必太過擔心。

那些「需要迎合才願意跟你當朋友」的人可能會離去，但是，真正欣賞你的價值及魅力的朋友，反而會因為你的改變而高興，並加深彼此的友誼。真正的朋友，絕對會留在你身邊。

工作及戀人基本上也一樣。找回自我、提高自我肯定感這件事，也是幫助發現「誰才是真正需要重視的人」。

如果因人際關係發生變化而感到不安，擔心「自己是否會被討厭」，就要小心再次被拉回以他人為中心的狀態。這時要告訴自己：「被討厭也沒辦法，這是找回自我的必經過程。」

也就是說，我們需要具備被討厭的勇氣，可以再度嘗試頁一二四所提到的「被討厭也沒關係」的正向暗示。

「我可以說我想說的話，對方有權利做任何反應，就算因此疏遠也沒關係，我要珍惜喜歡原本的我的人。」——抱著這種決心，創造人生新世界吧！

就算人際關係出現狀況，也不要害怕。

088

不需事事說好，偶爾態度冷淡也無妨

在確立自我、提高自我肯定感的過程中，偶爾有些瞬間會覺得自己變成了「冷淡的人」。

一旦開始重視自己的情緒，就會出現「不怕上司，敢直言想法」、「沒有餘裕時會拒絕請求」、「不參加沒興趣的聚會」、「用自己的步調迅速處理工作，無視其他人直接下班」等不配合周遭的情況。

但是，不用擔心。總是體貼他人的人，個性大多溫柔良善，即使做出感覺稍微有點冷淡的行為，本性也不會變得冷淡。**只要明白「偶爾態度冷淡一點沒關係」，你的選擇就會大幅增加，心情也會變輕鬆。**想幫忙時就幫忙，沒有意願就拒絕，漸漸地就會產生「自己真正活著」的實感，持續保有高自我肯定的狀態。

當然，如果是懂得互相體諒的同伴，就跟過去一樣就可以了；如果是「給出善意可能會恩將仇報」的人，就允許自己做個「冷酷的人」吧！

「冷酷的人」看起來似乎對他人毫無興趣，但是，對於原來就很喜歡他人、總是想為別人做什麼的人，也等於是在告訴旁人「無論別人有何反應，我只忠於自己」。為此，需要放下心中可能殘留的「對方應該會高興吧」或「應該會感謝我吧」等小小期待。

感覺難以做到時，就告訴自己「不要對他人有所期待」。這麼一來，「對方是否高興」就不會影響自己的決定，這就是以自我為優先的行為態度。

告訴自己「做個冷酷、對他人沒有期待的人」，如此便不會總是自我犧牲，而能成為無條件給予善意的人。

覺得自己「好像有點冷淡」也沒關係。

089

與討厭的對象相處時，記得劃出界線

當我們確立了自我、提高自我肯定感後，便能自然地與「討厭」及「合不來」的人相處。

自我肯定感偏低時，你會否定自己的情緒，認為「不可以討厭別人」或「不能因為合不來就斷絕來往」，總是強迫自己跟「合不來的人好好相處」，導致身心俱疲。相反地，自我肯定感處於良好狀態的人，大多能接受自己有討厭的人事物。他們認同原本的自己，所以允許自己可以「討厭」及「不喜歡」別人。

跟這個人無法相處、實在喜歡不起來、就是合不來……認同自己真實的心情，不用在乎「對方對自己的觀感」。

頁一二二的「我是我，別人是別人」的正向暗示，在這裡就很有用，如果感覺自我開始動搖，一定要記得參考。

做好這樣的心理準備，自然會找到即使討厭也能相處的方法。**與討厭的人之間**

劃出明顯的界線，保持心理上的距離，採取禮貌性往來就好。

禮貌性往來基本上就是無視「感情」，自始至終都只維持表面上的互動，與對方只保持最低限度的對話，如果需要深入討論或交流，可以請別人幫忙或共同出席。真的有困難時就告訴自己「這是工作上的一部分」，盡快交代完必要事項，結束雙方的接觸。

但是，一旦對方已經對自己造成龐大的壓力，請以保護自己為優先。不得已的時候，記得還有離職、離婚、斷絕關係等保持物理距離的選擇。

當擁有自我、能有智慧地與他人劃出心理上的界線時，跟討厭的人相處也會變得非常輕鬆。

跟討厭的對象相處時，只要維持禮貌性的往來就好。

090

想和討厭的人打交道，要先試著了解他

「雖然跟對方相處時可以保持心理上的距離，但如果可以，還是希望能建立更好的關係。」這是有些人的想法。

那麼，你可以試著去理解討厭的人。

察覺自己討厭對方的理由，才能有效找到與對方順利相處的契機。

首先，試著思考「明明世界上還是有人可以跟他好好相處，為什麼自己會排斥對方？」這麼一來，或許就能找到隱藏在內心當中的❶抗拒、❷傷痛（厭惡）及❸禁令等因素。

首先來談談❶抗拒的情況。這在心理學上叫「投射理論」，人會無意識地討厭過去傷害自己的人，及有相似感覺及立場的對象。

第三章曾經提及父母對孩子的影響，在父親嚴厲權威陰影下成長的孩子，會無意識的排斥與父親感覺相近的上司。不只如此，甚至看到與父親有類似言行的人，就會將自己對父親的厭惡投射在對方身上，進而產生排斥。

如果是投射心理導致的厭惡心態，容易產生被害者模式，讓自己在壓力中被動地與對方相處。因此，光是能察覺到「自己可能是把誰投射在對方身上了」，就能大幅緩解情緒。

請大家一定要試著從「自己可能是把過去的誰，投射到對方身上」的角度，去重新審視自己討厭、排斥的對象。

再來是❷傷痛（厭惡）的情況。這也是屬於投射理論的一種，我們不只會在他人身上投射其他人，也會投射自我厭惡。

例如，我們討厭不守時的自己，一旦別人不遵守時間，就會跟著「討厭」那個人。也就是說，「討厭的人跟自己其實很像」，因為這種理由產生排斥的情況意外地多。如果因為跟自己相似而產生厭惡，唯一的辦法就是提高自我肯定感。

如果能夠肯定及愛護包括缺點在內的自己，也會寬容地面對跟自己相似的「那個人」，而能與對方好好相處。

最後是❸禁令。這是看到別人做「自己無意識禁止或忍耐的事」，因而感到厭惡及排斥的情況。

眾所周知，人在遇到生活方式與自己完全相反的人時，在感到憧憬的同時，也會產生厭惡感。

比如說，認為「不應該任性」的人，看到有人隨心所欲想做什麼就做什麼，就會覺得很不舒服，進而排斥對方；從小受到嚴格教養的人，看到別人不懂禮貌，就會感到厭惡。

如果覺得自己不屬於❶及❷的狀況，可以試著思考「自己正在禁止或忍耐什麼事？」或許也能找到厭惡對方的原因。同時，也試著正視自己是否過於堅持內心當中所謂的「正確」，才導致這種問題。

隨著成長，人會越執著自己認為正確的標準。但是，那與他人心中的「正確」卻不一定相同，過於堅持的後果，就是頻繁爆發「對錯之爭」。

越是堅持自我的「正確」，就會對越多人失去耐心，感到厭惡的人也會增加。簡單來說，就是自己主動樹敵。

如果希望與不同的人好好相處，需要盡可能放下內心中的「正確」，不過度執著。這時，「我是我，別人是別人」這個正向暗示又能派上用場。

當擁有自我及能肯定自己後，應該就能不在意這些讓人感到不舒服的人，舒適地生活。

努力理解「自己為什麼討厭這個人」。

091

關係越親密，越該說出真心話

頁二〇四至二〇九介紹了與「討厭、合不來的人」相處的方法，不過，即使與親密及感情良好的人相處，也需要注意一些事情。

關係越親密，越不希望「破壞彼此的關係」、「傷害到對方」，有時反而「不好意思表達自己的想法」、「不知道如何劃分雙方的界線」。

結果，很多時候只能得過且過、不敢直接說出真心話，就算真的十分在意，也會想「找一天好好談談就沒事了」，拖延著不去解決，導致問題越滾越大，關係出現裂痕。

一般被視為地雷的金錢、家人、健康、政治或宗教等話題，對於親密的伴侶或工作夥伴，反而需要推心置腹地進行討論。

在踏入這些敏感話題之前，需要做好哪些準備？除了勇氣，還有一樣更重要的東西。

那就是「信賴」。

如果相信自己與對方至今所建立起來的情誼，應該可以直接跟對方提出這些不得不說，或應該討論的事。

說到底，即使是朋友、戀人或工作夥伴，也都成長於不同環境，價值觀或想法不可能都相同。只是，不同不代表不能互相理解。雖然可能「因了解而分開」，但是透過想法的衝撞及磨合，或許能建立起更強大的羈絆。

抱著「坦白告知，他應該能理解吧」、「如果這樣感情就會破裂，代表我們的關係也就如此」的覺悟，勇敢地往前跨出一步吧！

雙方都擁有足夠的自我肯定感，能夠誠實溝通、相互為對方著想，就能維持一輩子的情誼。

即使是親密夥伴也不需要迎合，應該誠實相告。

092

做選擇時，優先考量自己的心情

當擁有充足的自我肯定感時，與他人相處就能選擇「以自己為優先」或「以對方為優先」。

舉例來說，今天你非常疲累，但好朋友卻連絡告知「今天有事要商量，能不能一起吃頓飯？」你在「想傾聽對方的煩惱」和「今天想待在家好好休息」這兩個選項中搖擺不定。依照自己內心的真實想法，會出現兩個不同的回答。

Ⓐ以自己為優先——「今天真的沒辦法，還是先拒絕，再跟對方約時間吧！」
Ⓑ以對方為優先——「想給予對方支持，還是努力傾聽他的煩惱吧！」

不管怎麼選，只要是「自己所決定的事」，那就是正確答案。依照自己的狀況，機動地做出決定吧！

以自我為中心的人，即使選了Ⓐ以自己為優先，也不會感到自責。雖然會對朋友感到抱歉，但不會有多餘的罪惡感，而能理解「今天的狀況實在無法好好聽對方說話」，轉而提出其他方案。

而選擇Ⓑ以對方為優先時，也會稱讚自己「即使很辛苦，還是努力給予朋友支持，我真的很厲害」。

如果是處在以他人為中心的狀態，做出同樣的選擇時，心態則會變成「我都這麼累了，還犧牲自己陪對方」，暗自希望對方能感謝或回報自己。如果沒有得到自己所想的回報，就會感到不愉快，讓往後的關係變得僵硬。

以自我為中心的狀況，所有的行動都是出於自己的意願，不會抱著不必要的期待，所以能輕鬆與他人相處。

有些人或許會因為過去的習慣，不自覺地優先考慮對方的心情，但做出選擇時，還是要率先傾聽內心的真實想法。

依照內心真正的想法，決定「自己」與「對方」的優先順序。

093

辭職信或離婚協議書，有時是增加勇氣的工具

前文提及，當人生轉為以自我為中心，身邊的環境及人際關係經常會產生改變。許多人會因此「辭掉沒有成就感的工作」、「離開已經情淡的對象」，主動改變自己的處境。

做出過去一直無法做出的決定，需要龐大的勇氣和自我評價。

你對自己有多少信任度呢？對自己的評價有多高呢？不是世間給予的評價，而是對自己本身所抱持的自信。

自我評價過低時，就會依賴他人對自己的評價，變成以他人為中心。也就是「一般來說，我是不可能做到的」、「以我的能力，離婚後不可能找到收入不錯的工作」等等的想法。這會讓自己變得被動，無法確實的行動。

每次遇到有類似煩惱的人，我都會提出一個大膽的建議。

那就是試著寫下「辭職信」或「離婚協議書」。

這裡公開一名客戶的故事。自從他寫下辭職信放在口袋裡，就擁有了更多的勇氣，逐漸敢在公司裡表達自己的意見，壓力日益減輕，最後甚至覺得不換工作也無所謂了。

另一個客戶則是在寫下辭職信之後，整個人感到神清氣爽，結果發現「原來自己一直很想辭職」。

寫下正式的表格，代表自己已經做好最後的覺悟。

當內心出現「辭職」或「離婚」等想法，觀點就會跟著改變，開始認真面對「當下」的處境。比如說，開始積極地思考「如果擔心離婚後難以回歸社會，就要趁現在開始學習技能」。

有句話說「死都不怕了，還怕什麼」，兩者的感覺很類似。想獲得改變環境的勇氣，可以抱著破釜沉舟的心情寫下這些信，作為保護自己的護身符。

寫下「辭職信」或「離婚協議書」，不用遞出去也無妨。

094

理解孩子終究會單飛，保持剛好的距離就好

本著對孩子的愛，父母很容易變成以孩子為主的生活狀態。即使擁有高自我肯定感，也保有堅實的自我，還是很難與孩子保持適當的距離。

這時，可以提醒自己「孩子只是上天暫時交給自己的寶物」。

父母和孩子住在一起、親密相處的時間，只到他們成年自立為止。如果一開始就抱著「孩子總有一天會離開自己身邊，他們只是自己暫時保管的寶物」的想法，基本上就很難做出過度干涉或保護等超乎常理的行為。

況且，現代社會已經不是過去那種「只要照著鋪好的路前進，就能一生安泰」的時代，為了讓孩子能在嚴苛的競爭中脫穎而出，培養自主性就成為重中之重。公司挑選員工的方式越來越多元化，相比從前，他們更重視員工的自主性及個性。

因為擔心孩子的未來，所以想援助他們的一切，父母的這種心情雖然能被理解，但是為了孩子著想，還是要保持適當距離，避免變成過度干涉。所以，需要經

常提醒自己，不久之後，父母及孩子各自獨立的時期必定會到來。

同時，父母也要以「與孩子建立大人與大人之間的關係」為目標。

為此，便不能忽視夫妻關係的重要性。**許多夫妻都會出現「孩子不在，就無話可說」的窘境，當孩子獨立之後，夫妻之間勢必要開始面對彼此，如果過去沒有好好維持夫妻間的關係，到時就很難恢復往昔的親密。**

為了避免這種狀況，夫妻一定要留出專屬於彼此的時間，例如訂出兩人的單獨約會日等。**夫妻與孩子不同，最終還是他人，如果不努力經營關係，彼此的鴻溝就會越來越大。**此外，透過「每週末開一次夫妻會議」的方式，一起討論最近感興趣或想做的事，不斷地與伴侶溝通。

至於與孩子之間，保持「剛剛好」的距離就好。

有意識地與「孩子」保持適當距離吧！

095

除了照顧孩子，父母也要有自己的生活

對於父母來說，有機會暫時離開孩子轉換心情，是很重要的事。有人可能覺得「只有自己跑去享樂有點愧疚」，因此產生罪惡感。但是要記得，家人的幸福是建立在自己幸福的延長線上。

當父母盡情地享受幸福與喜悅時，會為家人帶來笑容，讓他們感受到相同的幸福感。

日本對於「父母」這個角色的要求，標準向來極為嚴苛，社會上到現在都還殘留著人生必須「以孩子為優先」，將所有時間都奉獻給孩子才算好父母的氛圍。即使現在因為男女平權的進步，社會變得寬容了一些，但是，對於像西方那樣將孩子託給保姆、自己單獨外出，許多人仍然感到抗拒。

當然，如果真的疏忽對孩子的照顧，應該要受到責難。但是大多數的父母幾乎將自己所有的時間都花在孩子身上，身心俱疲。

因為考慮孩子或伴侶的感受，壓抑著不去做想要或喜歡的事，最後只會讓自己滿懷怨氣，家中沒有一個人會幸福。盡可能去做自己喜歡及想做的事，讓自己過得幸福快樂，對於家人來說也是非常重要的貢獻。

簡單來說，就是努力地寵愛自己，讓自己每天充滿笑容、幸福洋溢，開朗地對待家人及身邊的人，如此一來，孩子也會憧憬那樣的人生態度，希望「自己也能變成那樣」。為此，一定不要感到自責。即使孩子出現問題，也不要責怪自己，覺得「都是我的錯」。比起自責難過，還不如好好抱著孩子輕聲安慰，摸摸他的頭，給予最大的包容。

偶爾視情況也需要認真地生氣，如果父母沉浸在「都是我的錯」的自責中，就很難真正面對孩子，對他發怒。

父母需要放下罪惡感，努力提升自我肯定感，讓自己「活在幸福之中」，如此一來，對於提升孩子的信心及自我肯定感，勢必會有良好的影響。

不要對孩子抱持罪惡感，也不要一味地自責。

096 每克服一次「問題」，就能再次成長

即便能以自我為中心來判斷情勢並採取行動，也不代表人生從此不會發生任何問題。

無論是以自我為中心、或是以他人為中心的人生，都會發生問題。

只不過，當你的人生以自我為中心，就不會因為恐慌而迷失自己，焦慮地想掌控什麼，或是被心中的不安及恐懼給壓垮。

當自我肯定感提高、擁有堅實的自我，便不會因為發生某個問題，就覺得自己非常失敗，全然否定自我。甚至還能溫柔地安慰自己：「你一定很不安，不知道該如何是好吧？」然後積極地鼓勵自己：「說不定這件事是為了讓你更成長，所以才會發生。」

我經常建議大家，將所有的問題都當作是「自導自演」。

先假定「這件事的發生是自己所希望的」，之後必定能從中發現某些線索。重點

在於，用「自己」（我）當主詞。

比如說，「為什麼『我』昨天要跟主管吵架呢？或許這代表我更想用自己的方式工作，也可能是在告訴我，應該對自己更有自信……」類似這樣，從各種角度去思考。這種思考方式能徹底強化自我。**詢問自己「為什麼會希望這件事發生」，會直接影響內心深處的潛意識，幫助察覺真正的想法。**

一旦釐清了真正的想法，就會知道接下來該選擇哪些行動，能更積極地克服眼前的問題，並且活得更自由、更隨心所欲。

等到最後回過頭，就會發現「自己真的因為這件事而成長」。積極地克服問題，能讓自己更有自信，自然也能提高自我肯定感。

積極地面對問題，讓它轉為成長的養分。

097

接受「小小的成長」，更加喜歡自己

把重心從他人轉移到自己身上、進行自我成長的過程中，每個人幾乎都要面對「到最後自己似乎什麼都沒變」、「好像又回到了過去」的無力感。

當處於低自我肯定感時，人會習慣把焦點放在「自己沒做好的地方」，即便能以自我為中心的角度去思考，也很難發現這個習慣。自我肯定感較低的人大多個性謙虛，因此會更嚴格地看待自己的變化。

由於內在的變化全都出於主觀判斷，很難歸納出明確的數值，但是，如果出現了這種感覺，可以試著將過去的自己與現在的自己做比較。

回想過去發生的事情，像是「三個月前還不敢告知主管自己的意見，最近慢慢敢表達了」、「去年會強迫自己參加不想去的聚餐，今年拒絕了好幾場」等等，應該會發現不少變化。

只要找到一點變化，就要好好稱讚自己「好棒，你做得很好！」如此一來，一定能提升自我肯定感。

如果覺得「好像又『回到』過去的自己」，代表你「曾經感受過自己的變化」，當你知道「以自我為中心」是什麼感覺，表示你已經和過去不同了。

日本有句諺語叫「前進三步，後退兩步」，人的變化不會一直線，有時順遂，有時又好像回到原地，即便如此，始終還是在往前走。

在心理學的領域，有段文章這麼形容心理變化：「繞著螺旋梯走一圈，由上往下看，會像是走回了原處；但如果從旁邊看，就會知道自己確實是往上走。內心的變化也一樣，當你覺得自己似乎又回到過去時，很可能已經站在螺旋梯的高處了。」

我們隨時隨地都在成長。察覺自身的變化，加以認同，就能確實提高自我肯定感，並且變得更加喜歡自己。你會發現，自己比過去活得更輕鬆、更自在了。

感覺自己「好像沒改變」，其實已經慢慢變得不一樣了。

098

理解愛一個人的方式，其實有很多種

越認同自己是值得被愛的存在，自我肯定感就會越高。透過至今的法則，大家應該慢慢能察覺到周遭的人對自己的愛。

但是，除非對方用我們所期盼的方式表達愛意，否則也不容易察覺到。因此，事先理解每個人表達愛的方式都不一樣，對愛的認知才會更深刻。

舉例來說，有的人對愛意的表達「很直接」，有的人「很迂迴」，有的人會因為強烈的羞恥及罪惡感，總是說否定的話。

有人會用擁抱或牽手等「肌膚接觸」表達愛意，因為比起言語，彼此碰觸更能讓他們感受到愛。還有的人喜歡用「實際的物品」表達愛意，所以會用送禮物、出錢來證明自己的愛。「聽到我說想讀私校，父親就默默地幫我出了學費」，這也是身為父親的偉大愛意表現。

照顧生活起居等「奉獻型」的愛意方式，或總是插手對方生活的「擔憂型」愛意方式，無論古今東西，都常見於「母親」的角色上。

當然也有「在遠處默默守護」的愛意方式，大多見於過去傳統的父親形象。他們始終待在離孩子有一段距離的地方守護，背後卻盡可能給予各種支援。

有人則是用「忍耐」、「默默跟隨」的方法表達自己的愛，用行動支持伴侶的生活方式。

要能察覺這麼多種的愛意表現，前提是必須相信對方「對自己有愛」。如此一來，就能經常感受到「其實自己是被愛的」、「對方是在用自己的方式重視我」。

擴大對愛的定義，真切感受「自己是被愛的」，一定能提高自我肯定感。

理解每個人表達愛意的方式都「不一樣」。

099

以「愛」為前提，觀察自己的行動

當自我肯定感變高了，自然會更懂得「給予」。

前文提及，所謂「給予」，就是「做讓對方開心的事，自己也從中得到快樂」（參考頁五八的內容）。

這與以他人為中心時，將大半的精力都花在揣測對方的需求、單方面犧牲奉獻的情況不同，而是出於自己的意願，主動去付出及給予。這會讓自己感到驕傲，進而提升自我肯定感。

理解「因為自己喜歡這個人，所以願意替他著想並付出行動」，也是通往愛的一種行為。

像這樣去思考什麼是愛，總感覺有點不好意思，但是愛的力量很強大，當心中充滿愛時，基本上較不容易出現負面情緒。

但是，愛是很抽象的東西，若沒有用心，很難察覺它的存在。請大家展開任何行動時，都要以「愛」為前提，重新審視過去及最近的各種事件。

例❶ 之所以拚命達成主管的期望，是因為對公司及工作還有留戀。

例❷ 之所以努力跟惡婆婆相處，是因為對丈夫及家人還有愛。

例❸ 之所以幫忙戀人的工作，是出自對他的愛。

例❹ 之所以配合周遭的氣氛發言，是出自對職場的愛。

自己的這些行動，最後的結果可能不如預期，背後也可能藏著算計或自保的念頭。但是，即便這麼痛苦也還努力堅持，當中還是包含了對眾人的愛。

因此，不要只從結果去評價自己，如果能認同內心應該存在的愛，一定會更加喜歡自己，並對自己感到驕傲。

察覺自己其實對許多人及事物都還有愛。

100

先為自己想，再為他人著想

「人類，其實很美好。」或許，當自我肯定感提高到某個程度時，自己也能說出這句話。

想要保持充足的自我肯定感，首先必須確立自我。

之後，當自己能夠考慮對方的心情，為了對方付出並給予信賴，便能建立對彼此來說最好的距離。**也就是說，首先是自己，再來是對方，最後才是兩人的關係。**

在這之前的你，不只弄反了順序，還因此感到痛苦。為了維護重要的關係，你總是顧慮對方，進而忽略了自己，導致疲於奔命、身心俱疲。但是，只要能發現這一點，就是很大的進步。

想提高自我肯定感，歸根究柢就是對自己進行更深層的理解。如果透過本書的法則，能更深入地去審視自己，從而學習，最後構築美好的人際關係，總有一天，一定會對「與人產生連結」這件事感到喜悅。

畢竟，大家都是因為喜歡人，內心又充滿了愛，才會為人際關係所苦。如果真的有那一天，必定會獲得極大的充實感，徹底拿回屬於自己的人生。

有些部分可能當時沒有感覺，或者即使理解了也不知道如何運用。但是透過反覆閱讀，「原來如此」——像這樣頓悟的時刻必定會到來。關注每個小小的變化，像為植物澆水般用心培育，慢慢提升自我肯定感吧！

當你從強烈懲罰自己的罪惡感當中解放，對於現在（當下）的時刻感到幸福時，一定能帶著愛與感謝，並以同樣的心情來療癒他人。

如果本書能成為你找回自己、獲得幸福人生的契機，我會深感榮幸。

慢慢提高自我肯定感，享受與他人連結時的幸福。

第5章 總整理

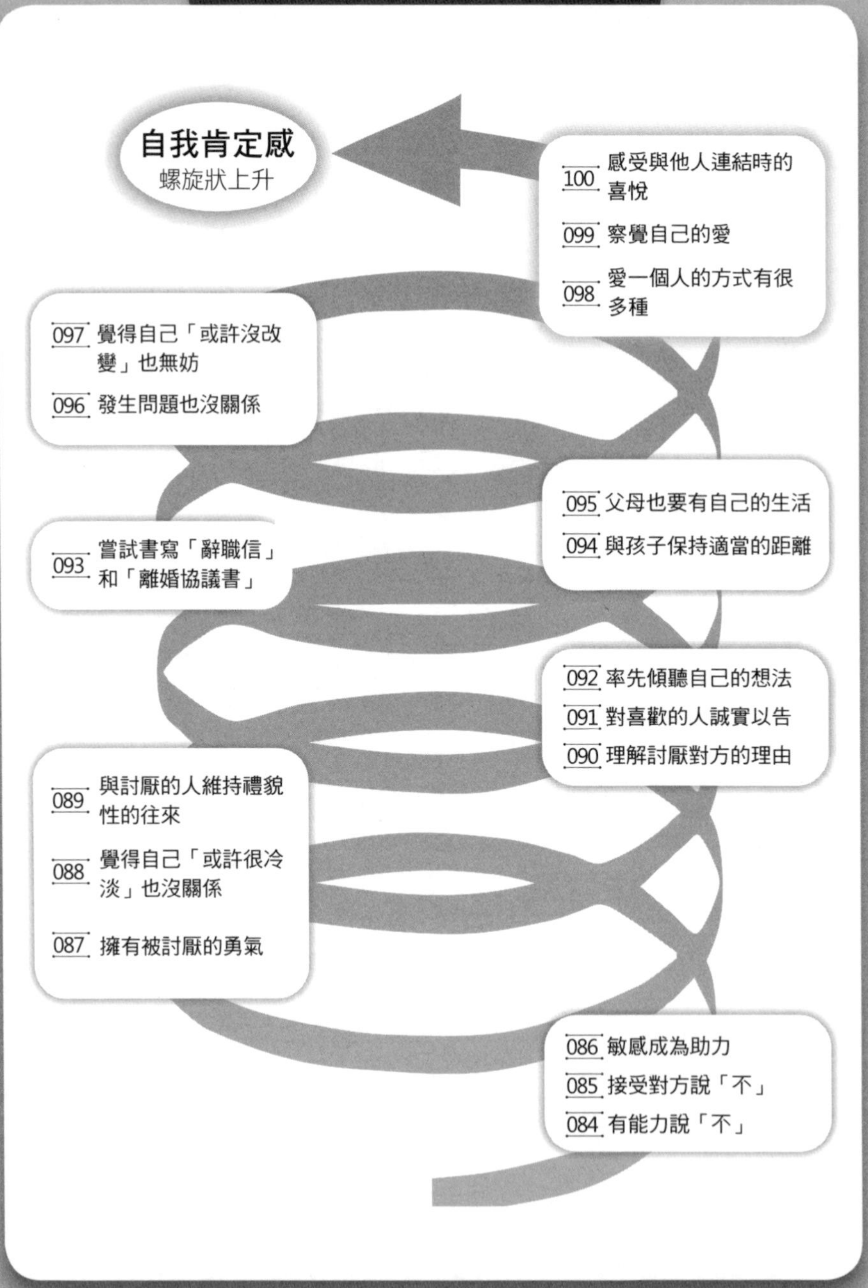
自我肯定感
螺旋狀上升
100 感受與他人連結時的喜悅
099 察覺自己的愛
098 愛一個人的方式有很多種
097 覺得自己「或許沒改變」也無妨
096 發生問題也沒關係
095 父母也要有自己的生活
094 與孩子保持適當的距離
093 嘗試書寫「辭職信」和「離婚協議書」
092 率先傾聽自己的想法
091 對喜歡的人誠實以告
090 理解討厭對方的理由
089 與討厭的人維持禮貌性的往來
088 覺得自己「或許很冷淡」也沒關係
087 擁有被討厭的勇氣
086 敏感成為助力
085 接受對方說「不」
084 有能力說「不」

心靈漫步

別讓自責成為一種習慣：放過自己的100個正向練習

2022年11月初版　　定價：新臺幣360元

著者	根本裕幸
譯者	楊詠婷
叢書主編	陳永芬
校對	陳佩伶
內文排版	林婕瀅
封面設計	張巖

出版者	聯經出版事業股份有限公司
地址	新北市汐止區大同路一段369號1樓
叢書主編電話	(02)86925588轉5306
台北聯經書房	台北市新生南路三段94號
電話	(02)23620308
台中辦事處	(04)22312023
台中電子信箱	e-mail：linking2@ms42.hinet.net
郵政劃撥帳戶第	0100559-3號
郵撥電話	(02)23620308
印刷者	文聯彩色製版印刷有限公司
總經銷	聯合發行股份有限公司
發行所	新北市新店區寶橋路235巷6弄6號2樓
電話	(02)29178022

副總編輯	陳逸華
總編輯	涂豐恩
總經理	陳芝宇
社長	羅國俊
發行人	林載爵

行政院新聞局出版事業登記證局版臺業字第0130號

本書如有缺頁，破損，倒裝請寄回台北聯經書房更換。　ISBN 978-957-08-6531-8 (平裝)
聯經網址：www.linkingbooks.com.tw
電子信箱：linking@udngroup.com

國家圖書館出版品預行編目資料

別讓自責成為一種習慣：放過自己的100個正向練習/
根本裕幸著．楊詠婷譯．初版．新北市．聯經．2022年11月．236面．
14.8×21公分（心靈漫步）
ISBN 978-957-08-6531-8（平裝）

1.CST：輔導 2.CST：自我肯定 3.CST：行為改變術

178.3 111014490